教師力
ステップアップ

新任**1**年目の基本技から
3年目以降の応用技まで
今の自分からステップアップできる!!

3年目教師 勝負の
国語授業づくり

楽しさと深い学びを生み出す!
スキル&
テクニック

樋口 綾香 編著
授業力&学級づくり研究会 著

明治図書

はじめに

　私が国語の授業づくりにのめりこみ始めたのは，6年生の担任をしていたころです。深く考えさせられる教材に次々と出合い，どのように子どもたちに指導してよいか悩んでいました。そんなとき，ある学校の研究授業を見に行きました。

　授業の中で，教師から発せられる一つ一つの言葉に子どもたちが反応し，いかにも楽しそうに思考し，それらを表現する。いくつもの考えや根拠を紡ぎ合いながら，全体の読みが深まっていく。それらが板書に美しく残り，子どもたちの理解を深めている。そのような授業を目の当たりにして，私は感奮しました。

　それからの私は子どもたちにとっても，自分にとっても楽しい授業をしようと心に決め，毎日の教材研究と授業づくりに努めました。ただし，うまくいかないことはたくさんありました。系統性を意識できず，教材で教えるべきことが曖昧になることや，子どもの意見のまとめ方がわからずに，中途半端な板書になることもありました。しかし，悩みながらも授業づくりの楽しさや国語のおもしろさ，子どもとのやりとりがうまくいったときの喜びなど，プラスで返ってくることの方が大きいことに気づきました。すると，より一層国語の教材研究や授業づくりは私にとって楽しいものとなり，国語の知識は増え，指導技術の幅が広がり，子どもたちが楽しいと言ってくれる授業が増えていきました。

　本書には，国語力をしっかりつけられる授業をしたいという教師の願いと，おもしろい，楽しい授業を受けて国語力をのばしたいという子どもの思いができるだけ一致するような授業づくりの視点や指導法が書かれています。本書を読んだ全国の先生方が，楽しんで国語の授業を実践されることを願います。

授業力＆学級づくり研究会　樋口綾香

もくじ

はじめに　3

1章　国語指導 基礎基本の**マストスキル**10　　8

❶　用語 10
❷　板書 12
❸　発問 14
❹　話すこと・聞くこと 16
❺　書くこと 18
❻　読むこと 20
❼　ノート指導 22
❽　音読指導 24
❾　漢字指導 26
❿　読書指導 28

2章　国語指導 ステップアップの**授業テクニック**40　　30

指導技術編 ─ ─ ─ ─ ─ ─ ─ ─ ─ ─ ─ ─ ─ ─

〈用語〉
❶　深い対話を生み出す「用語」―文学の授業1― 32
❷　深い対話を生み出す「用語」―文学の授業2― 34
❸　深い対話を生み出す「用語」―説明文の授業1― 36

4

❹ 深い対話を生み出す「用語」―説明文の授業2― ……………… 38

〈板書〉

❺ めあてを深める板書で学習課題が明確に！ ……………………… 40

❻ 子どもの思考の足跡が残る板書 …………………………………… 42

❼ 参加型板書で子どもが主体的に！ ………………………………… 44

❽ 構造的板書に挑戦！ ………………………………………………… 46

〈発問〉

❾ 子どもの気づきを引き出す発問づくり …………………………… 48

❿ 登場人物に同化させる発問の練り方 ……………………………… 50

⓫ 授業が子ども主体になる「必要感」をもたせる発問 …………… 52

⓬ 子どもの想像力を広げ,作品の構造に迫ることのできる「かくす」技法 54

領域別編 -

〈話すこと・聞くこと〉

⓭ 自然と意見を出し合い,聞き合える場の仕掛け（ペア）………… 56

⓮ 意見が「出る」から「深める」へ ………………………………… 58

⓯ 話し合いが活発になるホワイトボードの活用 …………………… 60

⓰ 話し合いが活発になるタブレット PC の活用 …………………… 62

〈書くこと〉

⓱ とにかく書く！ ……………………………………………………… 64

⓲ 型にはめる！ ………………………………………………………… 66

⓳ 何のために書くのかを意識して …………………………………… 68

⓴ 読み合いで深い学びに ……………………………………………… 70

〈読むこと〉

㉑ 文学作品の教材研究―教材の価値発見― ………………………… 72

㉒ 文学作品の教材研究―授業記録― ………………………………… 74

㉓ 説明文教材で意識すべき3つの視点 ……………………………… 76

もくじ 5

㉔ 説明文は「書く」ことにつなげる丁寧な指導を ……… 78

活動編

〈ノート指導〉

㉕ きれいにスッキリノートが書ける３つのコツ ……… 80

㉖ ノートに自分の考えを書けるようになる魔法の言葉 ……… 82

㉗ ワークシートとノートの共存で学習の蓄積を効果的に ……… 84

㉘ 考えがグーンと深まるオリジナルノート作成法 ……… 86

〈音読指導〉

㉙ 音読のよさを子どもが実感できるおすすめ読み方パターン ……… 88

㉚ 家でも楽しくできる音読の宿題アレンジ ……… 90

㉛ 音読で高める読解力と表現力 ……… 92

㉜ 楽しい音読から考える音読へレベルアップ ……… 94

〈漢字指導〉

㉝ 漢字辞典活用でパターン化にひと工夫！ ……… 96

㉞ 漢字学習で笑顔広がる!? ……… 98

㉟ テストで結果を出して自信をつける！ ……… 100

㊱ 評価で持続力アップ！ ……… 102

〈読書指導〉

㊲ ブックトークで話す力アップ！ ……… 104

㊳ ブックコンテストで読書の幅を広げてみる！ ……… 106

㊴ 書くために読む子を育てる方法 ……… 108

㊵ 読書が学級をつなぐ！ ……… 110

国語指導

3章 **知ってお得のマル秘グッズ10** 112

❶ 付箋 114

❷ カラーマグネット 115

❸ Ａ４ファイル 116

❹ ホワイトボード 117

❺ 書画カメラ 118

❻ 短冊 119

❼ 移動式書棚とブックスタンド 120

❽ 読書管理アプリ 121

❾ 新聞 122

❿ シンキングシート 123

執筆者一覧 124

1章

国語指導

基礎基本のマストスキル10

　自分なりの授業の理論をもつと，国語の授業を考えることが楽しくなっていきます。

　何をどのように指導していけば，子どもたちがどう反応し，どのような国語力をのばすことができるのか。

　どういう活動をどの場面で入れれば，深い学びを生み出すことができるのか。
　少しの工夫で授業の深まりというのは大きく違ってくるのです。

　しかし，一つ一つの指導技術をおろそかにしていては，授業の理論を獲得しても，授業がうまくいくとは限りません。

本章では，国語の授業において，知っておきたい，身につけておきたい指導技術の基礎基本をマストスキルとして紹介しています。

用語，板書，発問，
話すこと・聞くこと，書くこと，読むこと，
ノート，音読，漢字，読書

　これらの指導技術は，国語の授業に必要不可欠なものです。国語力をのばすために，子どもたちが楽しみながら活動するために，どれぐらい意識して授業に取り入れられているでしょうか。
　たとえ国語力をつけることができても，授業が楽しくなければ，主体的・対話的で深い学びを生み出す授業とは成り得ません。

　これまでの授業を振り返りながら，1章の扉を開いてみてください。

1 用語

用語を知れば，国語の授業はもっと楽しくなる！

用語は国語指導の鍵

　子どもたちが授業の中で，主体的・対話的になるためには，「自分たちが授業を進めている」「友達の意見を聞くのが楽しい」と感じていることが大切です。そのためには，授業の中で飛び交う言葉が「分かる言葉」であることが必須です。

　国語授業の中で，子どもたちは物語や説明文を読み，多くの感動や発見をします。それらをまとめたり，比べたりするときに，困ったことはありませんか。それは，漠然とした言葉でまとめようとしたり，国語の授業の中で，何を読み解いているのか，どんな力をつけようとしているのかを明らかにしてこなかったことが要因です。

　国語授業の中で使われる専門的な言葉を「国語用語」といいます（以下，用語）。「用語」は，子どもたちや教師が文章を理解するため，書くため，何を話し合っているか，何を考えているかを整理したり共有したりするために大変有効です。

　教師も子どもも「用語」を使うことで，何を考えているか，どんな力をつけるべきかが明確になり，「わかる言葉」で意見を交わすことで活発な対話につながります。低学年のうちから，学習を蓄積していく上で大切な「用語」を系統的に学習していくことが，主体的・対話的に学ぶための鍵になります。まずは，「用語」を子どもたちにとって「わかる言葉」にする授業をしましょう。

指導のポイント

①教材・つけたい力に応じて必要な「用語」を選択しよう
②学年で話し合って，どの「用語」を学習するかをあらかじめ決めておくこと
③教材研究の段階で系統性をもたせて指導しよう

1年生でもできる！用語の指導例

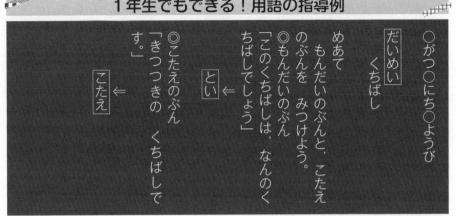

　これは，1年生の説明文の学習です。学ぶ用語は「題名」「問い」「答え」です。

〈具体的な指導の流れ〉

①「今日から新しいお話を学習します」

　国語の教科書・ノート・下敷き・鉛筆を用意させ，ノートに日付を書き写すのを待ちます。

②「お話の名前『くちばし』です」

③「お話の名前のことを『題名』といいます」

　「聞いたことがあるかな？」と問いながら，子どもたちの知識を揃えていきます。「だいめい」と色チョークで目立たせて□で囲みます。

④「題名というのは，お話の顔で，書いた人の思いや考えが表れている大切な言葉です」

　このように，「用語」を「大切な言葉」だと子どもたちが一目でわかるように工夫して板書し，「用語」の意味についても教えていきます。1時間ですべてを覚えさせようとするのではなく，次の時間のはじめには，復習として前に学習した「用語」を問うてあげるのがよいでしょう。

1章　国語指導　基礎基本のマストスキル10

2 板書

板書は子どものノートのお手本

板書の字は，子どものお手本になっていますか？

　子どもたちは，授業中黒板を見ながら学習を進めていきます。常に目に入る黒板の字は，子どもたちが書く字のお手本になっているでしょうか。教師が丁寧に書けば，子どもも丁寧に書く，教師が雑に書けば，子どもも雑に書くものです。まずは，丁寧に書くことが大切だよ，と子どもにアピールするようにしましょう。

　丁寧に字を書かせるために，板書をするときには，どのように書いて欲しいかを伝えます。それが「字を書くときの声かけ3か条」です。

字を書くときの声かけ3か条

① 「せすじ，ピン！足，ピタ！」

② 「下敷きをしいて，鉛筆は正しい持ち方で」

③ 「先生と同じスピードで，丁寧に」

---

　①は姿勢，②は学習用具，③は気持ちを整えるための声かけです。

　これは，板書をする心構えでもあります。教師は，姿勢を正し，正しい持ち方でチョークを持ち，子どものペースを考えて，丁寧に字を書くようにします。子どものノートを意識し，1時間の授業の流れをイメージしながら書き進めなくてはいけません。そのため，板書は，ノート指導・授業づくりとも関わってくるのです。

指導のポイント

①子どものお手本になる字で書こう
②ノート指導，1時間の授業の流れも意識して書こう

見やすい字を書く板書テクニック

①筆圧を強くする技：「チョークの持ち方」

　チョークは，右の写真のように，親指と中指で挟み，人差し指の腹でチョークの先を押さえるようにして持ちます。書いた文字に太さが出るように，チョークは適度に回転させましょう。

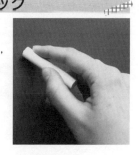

②文字のバランスをよくする技：「４つの部屋」

　板書をするときは，リーダー付きの一マスを思い浮かべましょう。例えば，「か」という字は，３画目のみが右上の部屋に入ります。「め」や「れ」などもほとんど左半分に書き，大きく膨れるところだけが右側になります。これを意識すると，縦に字を書くとき，バランスのとれた字を書くことができます。

③文字を美しく見せる技：「とめ・はね・はらい」

　文字の一画一画に「とめ・はね・はらい」があります。これを意識して，丁寧に板書すると，字のメリハリや筆圧が強くなり，字が美しく見えます。

④黒板が見やすくなる技：「文字の大きさを揃える」

　文字の大きさがバラバラだと，読みにくい文になります。漢字同士，平仮名同士で大きさを揃えます。平仮名は漢字よりも少し小さめに書くと，見やすい板書になります。理想の形は正方形！

1章　国語指導　基礎基本のマストスキル10

3 発問

発問1つで子どもが動き出す

子どもが動き出す発問とは？

「質問」と「発問」は大きく違います。文部科学省のHPにも

質問→子どもが本文を見れば分かるもの

発問→子どもの思考・認識過程を経るもの

とあります。

「質問」には，明確な「答え」があります。もちろん，「質問」が大切な場面もあります。しかし，子どもたちの考えを聞きたいときに，教師が考えている正解？を求めるような質問をしてしまうと，察知した子は，教師の意図に合わせて答えようとします。こうなると，考えも画一化してしまい，子どもも教師もおもしろくなくなってしまいます。

「子どもが動き出す」とは，子どもがどんどん考えたくなる，子どもが生き生きとしている様子です。決して正解を見つけるものではなく，聞き合い話し合う中で「こうじゃないかな」と見つけていくものです。お互いの思考・認識過程が明らかになればなるほど，学びを深めていくことができます。

教材研究をしっかりとした上で，子どもたちがどんなことを考えているのかをきちんと理解していくことで，どんな発問をすればよいかが見つかってきます。「主発問」が見つかると，授業のイメージもふくらみます。ぜひ，自分も子どもたちと一緒に考えたくなるようなことを問いかけてみましょう。

指導のポイント

①聞き合い，話し合って解決していける問いを考えよう

②自分も一緒に考えたくなる問いを考えよう

子どもたちから出てきた意見を活用する

　子どもたちと学習を進める中で，急に教師から「問い」を発せられても，子どもたちは「えっ!?」となります。そこで，すでに子どもたちから出てきた意見を活用します。子どもたちから出てきたものであれば，そのときの思考から大きくズレることはありません。

　例えば『大造じいさんとガン』の授業において，子どもから「どうして『じゅうを下ろしました』ではなく，『じゅうを下ろしてしまいました』なのだろう」という意見が出ていたとします。この文章は，主人公の心情や様子を表す大切な言葉です。そこで平易な質問である「じゅうを下ろしてしまったのはどうしてだろう？」から「『じゅうを下ろしてしまいました』『じゅうを下ろしました』の違いに気づいている人がいるけど，本文の『下ろしてしまいました』からどんなことが読みとれるだろう」という発問を投げかけると，その少しの言葉の違いを明らかにしていく中で，大造じいさんの心情・様子について語り始めます。このような発問により，一語・一文のこだわることの大切さも実感していきます。

教師が教材研究をするから大事なことを見つけられる

　きちんと教材研究をしないと，その教材での読みどころや大切な言葉などを子どもたちと一緒に考えることができません。何を問いかけていいのかもよくわからないことに……。

　まずは，教材を丁寧に読み込んで，おもしろさや奥深さを教師自身が実感しましょう。また，自分自身が感じたおもしろさや奥深さは，作者や筆者のどのような表現の特質から出てくるものかまで分析しましょう。教師自身がワクワクしたことを，子どもたちとともに感じられる場づくりを考えるときに「子どもが動き出す発問」が見つかるでしょう。

1章　国語指導　基礎基本のマストスキル10　　15

4 話すこと・聞くこと

ちょっとした言葉がけが，子どもの話す力・聞く力を育てる

子どもの話す力・聞く力を育てるちょっとした言葉がけとは

　話す力・聞く力は，放っておいても，成長とともに育っていきます。1年生のときに話す言葉と6年生のときに話す言葉が同じなんてことはあり得ません。毎日普通に生活するだけでも話す力・聞く力は成長します。だからと言って，教師が何もしないでいいわけがありません。丁寧かつ適切に指導を積み重ねていくことで，子どもたちの話す力，聞く力の成長速度を促進させることができます。

　子どもたちの話す力，聞く力をより速く成長させられる指導とはどのようなものでしょうか。もし，自分が子どもだったとしたら，毎回，「話しましょう」「聞きましょう」といったことばかり指導されていれば，しんどくなってしまうかもしれません。「何回も何回もしつこいな……」「大事なのはわかっているのにできないよ……」ということが子どもたちの中から出てきます。そこで，日々の「ちょっとした言葉がけ」が有効になります。成長につながるちょっとした言葉がけや支援ができるといいですね。

　話す力，聞く力を育てると子どもたちの対話力が上がります。「話したい」「聞きたい」場をつくるのはもちろんのこと，「話す」「聞く」ことで考えが深まる経験を積み重ねると，子どもたちの言葉だけで考えられることが増えていくでしょう。ちょっとした言葉の積み重ねで変化します。

指導のポイント

①あまり丁寧に何度も言い過ぎない
②子どもたちの「今」を受け止めた言葉がけをしよう

大事な言葉を使っているときには，フィードバックをする

　根拠を示すときには，「なぜなら……」，友達の意見に自分の意見を付け足すときには，「○○くんに付け足しで……」など，子どもたちの中には，自然とこういった言葉を使える子がいます。教師として「大事だな」と思っていれば，そこですかさず「『なぜなら』と使っていると根拠を示しているんだなぁ」「ナンバリングしていると，要点がわかりやすくなるなぁ」と子どもたちに共感するように，全体に大事なことを広めていきます。

　きっとそこから，「自分も使ってみよう」と思える子が増えてくるはずです。形式的に「こんな言葉を使うことが大切です」と教えるよりも，自分で大事だなと思った方が長く続きます。まずは教師が大事なことに気づく力をつけ，子どもたちに広げていきましょう。

「ありがとう」と伝える

　聞くことは義務ではありません。「聞かなければならない」ではなく，相手の話を「聞きたい」と思えるような環境をつくっていく必要があります。

　それだけでなく，例えば私が話をしているときにしっかりと聞いてくれる人がいれば，「しっかりと話を聞いてくれて，うれしいわ。ありがとう」と伝えます。しっかりと受け止めてもらえることはうれしいことである。だからこそ，お互いにちゃんと相手を受け止めて聞こうとする心を育てていくことが「聞く力」を育てることにつながるのです。

1章　国語指導　基礎基本のマストスキル10　17

5 書くこと

「書きたい！」を生み出す指導とは

「願い」が書く原動力

「さぁ，いまから作文を書くよ」という教師の声。「やったー！」と子どもたちの声が返ってくればうれしいことですが，なかなか期待通りの反応はありません。また，書き始めたと思ったら，「何を書けばいいのかわからない」「先生，何枚書けばいいの？」といった声が聞こえてきます。そんな「書く」時間になっていないでしょうか。次の３つのポイントを意識して，子どもたちの中から「書きたい」という願いが生まれてくる時間を目指しましょう。

①インプット

行事作文を書くにしても，意見文を書くにしても，物語を書くにしても，まずは書くための材料をたくさん子どもたちに持たせます。同時にその材料を活かすための道具（技）も持たせます。

②アウトプット

なんのために書くのか。誰かに見せるためのものなのか。自分の記録のための文章なのか。またそれを書くとどんないいことがあるのか。目的意識を持たせるとともに，子どもなりの価値を見出せるようにします。

③評価

教師からの評価，仲間からの評価，保護者からの評価，自己評価。ABCだけではない評価の言葉も含め，評価が次なる自分を思い描かせます。

指導のポイント

① 「書きたい」という願いをもたせること
②願いをもたせる３つのポイント「インプット」「アウトプット」「評価」

書く願いをもたせる指導例

　3年生，運動会の後の作文を書く場面です。「事柄の順序を考えて書くこと」が目標であった低学年から，中学年では「書こうとすることの中心を明確にして書くこと」が求められます。

〈具体的な指導の流れ〉

① 「運動会頑張ったね！　一番心に残ったことベスト3を頭の中に思い浮かべてみよう」→**インプット**

　当日の写真を見せたり，保護者からの感想を披露したりして，盛り上げられるといいですね。

② 「ランキング形式で，隣の人にお話ししてみよう！　第3位！」

　余裕があれば，何人かに発表してもらいます。続けて第2位も発表していきます。

③ 「では，いよいよ第1位！」と盛り上げておいて……
「1位は発表してもらう前に，紙に書いてみましょう！」
と切り出します。ただ，原稿用紙を渡すのではなく，ワークシートの形にするのもいいでしょう。→**アウトプット**

④ ある程度の時間をとった後，第1位の発表です。→**評価**

　ランキング形式で話してきたため，伝えたことの中心は絞られた文章になっていることでしょう。

　事前に1位を予想し合うことで，互いの文章にも関心がわきます。また感想を伝え合うことが相互評価にもつながります。

6 読むこと

教材研究—子どもたちが「読むこと」を楽しむために—

子どもたちが「読むこと」を楽しむためには

　子どもたちが，物語文や説明文，詩などの教材を「読むこと」を楽しむために，教師が教材のおもしろさを見つけ出し，つけたい力に結びつけて授業をデザインする力が必要です。教材のおもしろさを見つけ出すために「教材研究」をします。「目標ありき」，「指導要領ありき」で考えるのではなく，まずは教師も教材を楽しむことからはじめましょう。

教材研究＝素材研究と指導法研究

◆素材を何度も読む（またはPCで打ち込む）ことで，教材としての価値を発見する

→作品の構成・人物・テーマ・虚構・言語表現・文体などを考える

◆先行研究を調べる・作家論を知る

→これまでその教材はどのような授業をされてきたか，今日的課題は何かを知る

◆つけたい力を明確にする

→指導要領を見る

→読む・書く・話す・聞くの領域で考える

指導のポイント

①教師が教材の価値を実感することから始めよう
②一読では気づかない表現の工夫も，何度も読むことで気づく
③指導要領は必ず読んで，発達段階を確かめよう

教材研究から授業づくりへ

　教材研究を熱心に行うと,教師が気づいた教材の価値をすべて伝えたい思いにかられます。しかし,子どもたちは本当にそれを望んでいるでしょうか。すべてを教えることが,子どもたちが求める楽しい授業に結びつくのでしょうか。また,その価値は目の前の子どもたちの発達段階にふさわしいでしょうか。

　大切なことは,**教材研究をした中から,子どもたちに教えるべきこと,つけるべき力に関連するところを取り出すこと**です。また,子どもの願いに沿って,楽しい活動を組み立てることです。そのためには,普段から子どもたちが何に興味があるのか,どんなことを国語の授業でしたいと思っているのか,何が課題なのかをしっかりと把握しておく必要があります。

　また,子どもたちがこれまでに何を学び,どのような力をつけてアウトプットしてきたかを把握しておくこともよい授業づくりに必要です。新しい単元での学びや活動によって,子どもがステップアップを実感することができるからです。

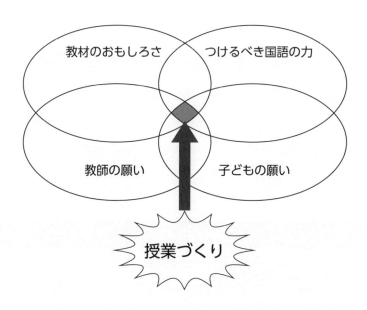

7 ノート指導

ノートの中には学びがいっぱい

ノートは自分の思考を可視化するもの

　国語授業の中で，ノートを書くことは「目的」ではありません。ノートに自分の考えを書き，それをもとに考えを話し合ったり，話し合ったことを再度ノートに書いたりと，自分の思考を可視化し，学習を深めていくための「手段」，補助的な役割なのです。

　理想のノートは，自分の考えや友達の考えがびっしり書かれている，自分の思考を可視化できるノートでしょう。しかしそのようなノートが始めから書ける子はいません。段階が必要です。以下のような目標が学校全体で設定できていればいいですね。

低学年
「板書と同じようにノートに書ける。指示されたことが書ける」

中学年
「発問や課題についての自分の考えや授業のまとめなどを書く」

高学年
「これまでの経験を活かし，自分だけのオリジナルノートを作る」

　ノート指導と板書はセットです。低学年の間は，児童のノートと同じマスの黒板を使用したり，同じ文字数で書いたりすることも大切です。

指導のポイント

①ノートを書くことは「目的」ではなく「手段」
②ノート指導には段階を設けよう

ノート指導は国語授業びらきで

2～6年の教科書の扉ページには,詩が掲載されています。授業開きで,この詩を扱う方も多いでしょう。では,この詩を用いて,1年間守るべき国語ノートの基本ルールを子どもたちに伝えていきましょう。

〈具体的な授業の流れ〉低学年の例
①日付と題名を書く。
②1マス1文字を基本にノートに視写をしていく。
・子どもたちと同じ速度で板書をしていく。
・1文字1文字を確認しながらゆっくり書き進める。
③全て書き終えたら,隣同士で確認。教科書を使って確認する。
・ぬけている文字がないかをペアで気づかせる。
④詩を読んだイメージをノートに書く。
・「箇条書き」を教えてメモをさせる。
⑤授業後にはノートを回収しチェックする。
　以上は,低学年の例です。段階に応じた指導が必要となります。学年が上がるにつれて,自らの気づきや疑問,考えなどを主体的に書いていけるように指導しましょう。

8 音読指導

音読で子どもは笑顔になる

音読の基本の「き」

　音読指導には２つの誤解があります。

　１つ目は，どの学年でも同じように音読指導をするという誤解です。低学年・中学年・高学年において，音読のねらいは異なります。ねらいが異なるということは，指導法も変わるはずです。どの学年でも同じように指導してしまっていては，音読の得意な子，苦手な子が生まれてしまう要因にもなります。

　２つ目は，音読は感情を込めて読まないといけないという誤解です。教師は音読指導をするとき，「音読」と「朗読」があることを意識しておかないといけません。声に出して読むことは広く「音読」と言われます。「音読」は，正確・明晰・流暢（正しく・はっきり・すらすら）に読めることを目標としています。一方で「朗読」は，正確・明晰・流暢に読めることに加え，読者の受け止めた作者の意図・作品の意味・場面の雰囲気・登場人物の性格や心情を音声で表現することがねらいになっています。

　それぞれの学年のねらいを知った上で，音読に重きに置いているのか，朗読に重きを置いているのかを意識すると，子どもが音読のよさを実感できるように指導することができ，子どもたちの笑顔を引き出すことができます。学年に合わせたねらいと指導するときのポイントを紹介します。

指導のポイント

①音読・朗読を意識しよう
②低学年・中学年・高学年の音読のねらいをしっかり理解しておこう

低学年・中学年・高学年のねらいとポイント

●低学年のねらい
「語のまとまりや言葉の響きなどに気をつけて音読する」
ポイント
「姿勢，口の形，声の大きさや速さ」に注意し，はっきり発音させる。

●中学年のねらい
「内容の中心や場面の様子がよくわかるように音読する」
ポイント
　一文一文の表現ではなく，文章全体の内容や構成を把握した上で，各場面を意識して，様子がわかるように文章の内容や表現の特徴に合わせて，読ませる。

●高学年のねらい
「自分の思いや考えが伝わるように音読や朗読をする」
ポイント
　そのために文章の内容や表現を理解し，声の大きさ，声の質や速さ，間の取り方に注意して音読させる。さらに自分なりに解釈したことや感動したことをまとめ。相手にわかってもらうように伝える。

9 漢字指導

子どもが主体的になる漢字の読み書き指導

「できる喜び」が学習を続ける原動力

　小学校で学ぶ漢字1026字。1989年に制定された1006字から，都道府県で扱う漢字が増えて今の数になりました。たいへんな数ですね（因みに1958年は881字，1977年は996文字でした）。

　1年生ではじめて漢字を習うとき，子どもたちは大喜びです。平仮名，片仮名の学習を終え，漢字への期待はいっぱいです。しかし，学年が上がるにつれて，いわゆる「漢字嫌い」が増えていきます。なぜでしょうか。一番の理由は，やはり覚えることができない漢字が増えるからです。「できない」「わからない」ことが増えてくると子どもたちは意欲を失います。逆に，「できないことができるようになる」「わからなかったことがわかるようになる」ことで意欲が増します。まずは子どもたちを「できる」「わかる」ようにしてあげることが肝要です。

　では，「できる」ようにするにはどうすればいいのでしょう。ノート1ページ分漢字を書かせるといった「トレーニング」をすることも1つの方法です。しかし，単調な「トレーニング」だけでは，この先も個の力でずっと続けていくことは困難です。子どもたち自身が，どうすれば「できる」ようになるのかを考え，試行錯誤を繰り返しながら，漢字を習得する喜びを自らの手で獲得していく「ラーニング」でなくてはいけません。

　漢字の学習も他の領域の授業と同様に，私たちは「ラーニング」を保証しなくてはいけません。

指導のポイント

① 「できるようになりたい」という願いをもたせること
②トレーニング⇒ラーニングへ

漢字の読み書き指導

　新出漢字の学習の時間です。毎日2文字程度新出漢字の学習が必要になります。学校で指導できる時間はせいぜい10分まで。あとは宿題ということになります。学校で為すべきことはなんでしょう。

〈漢字10分指導のキーワード〉
①パターン化
　例えば，「読み方調べ⇒空書き（書き順・画数）⇒部首調べ⇒熟語集め⇒短文づくり」といったパターン。決まった流れが安心感をもたらします。ただし，飽きのこない工夫は必須です！

②おもしろく
　おもしろさは意欲につながります。「漢字の学習をおもしろくなんてできるの？」と思うかもしれませんね。できます！ 頑張ったらご褒美が待っている外発的動機付け，漢字の意味や仕組みを知るといった喜びの伴う内発的動機付け。発達段階に応じて使い分けてみましょう。

③結果を出す
　頑張った一番のご褒美は，よい結果。頑張ったけど，テストはダメ。本を読んでも漢字がわからない。これでは次なるやる気はでません。「できるようになった」と自覚させることが必要です。

④他者の力
　仲間とともに楽しく学習できます。保護者がいるから続けることができます。教師の評価で意欲を増すことができます。漢字学習は，1人で地道に書き続けるという印象を払拭して，協働的な学習を目指してみましょう。

10 読書指導

もっと読みたい！を引き出す読書指導

本のある教室

　どれだけいい本があっても，子どもたちがその本を手にとらなければ，楽しい世界に浸ることも，豊富な知識も得ることもできません。まずは，本が身近にある，本を読みたくなる，そのような環境をつくることから始めましょう。

| 本が読みたくなる教室づくり
①学級文庫を置く
②おすすめの本を前向きに置く
③本を紹介する時間をつくる
④読書記録をつける |  |

① いつも教室に本があれば，すき間時間にも読書をすることができます。年齢に合わせた本で幼年童話・伝記・図鑑・絵本・小説など幅広いジャンルを置くと学級文庫に興味を示す子が増えます。
② 本を前向きにブックスタンドを使って置くようにすると，絵に惹かれて本を手にとるので読書量が増える傾向があります。
③ 子ども同士や，教師から子どもに本を紹介する時間をつくります。読み聞かせをしてあげるのも有効です。

指導のポイント

① いつもすぐそばに本があること
② 本のタイトルや表紙の絵が目に飛び込んでくる工夫をすること

読書記録は読んでもらうことを前提につくる

　読書記録は，読書好きな人が，自分のために記録をつけるというイメージで，子どもたちにとってはあまり楽しい活動ではなりません。しかし，読書記録を自分のためだけでなく，友達のためにも書くということ，さらに読書記録の中で達成感を感じることができる工夫をすることで，楽しく読書記録を書くことができます。

[読書記録シート]　　　　　　　　　　　　　[項目]

読書メモ No.＿＿	書いた日　　　月　　日（　）
タイトル	
書いた人	
おもしろさ　☆ ☆ ☆ ☆ ☆	
あらすじ	
この本を [　　　　] に紹介します！	

- ●書いた日
- ●タイトル
- ●書いた人（作者・筆者）
- ●おもしろさ☆☆☆☆☆
- ●あらすじ
- ●この本を [　　] に紹介します！
- ●感想やおすすめの言葉

　自分の好きなジャンルの本や好きな作者が見つかったり，友達と好きな本が同じだったりする楽しさが読書記録を書くことで味わえ，学級の中でのコミュニケーションも増えていきます。特に，「この本を [　　　] に紹介します！」の部分には，「ファンタジー好きな人」や「冒険のお話が好きな人」や「〇年生ならだれでも！」など薦めたい人を書き，相手意識をもって紹介文を書くことができるので，話す力や書く力も高めることができます。

1章　国語指導　基礎基本のマストスキル10　　29

2章 国語指導 ステップアップの授業テクニック40

　本章では，3年目の先生が先輩の先生に悩みごとを相談している場面から始まります。普段の授業づくりにおけるちょっとした疑問，心配ごとから国語授業をもっと楽しく，深く学ぶ方法を考えます。

> どうしたら，子どもたちが主体的になるのか。
> どうしたら，気づきを生むことができるのか。
> 読解力や表現力を上げるためには何が必要なのか。

　左のページにはそれぞれの項目において大切にしたいこと，右のページには実践例やアドバイスが具体的に書かれています。明日の授業に生かせる技を身につけて，子どもたちも教師も笑顔で授業をしましょう！

この章はどこから読んでも，明日の授業づくりに役立ちます。
　それでは，下のフローチャート図を進み，2章の扉を開きましょう。

あなたは国語授業でどんな悩みをもっていますか？
　A．どう授業をつくればよいかわからない
　B．何をどのように教えるべきかわからない

→ A
--→ B

授業はどのようにスタートしますか？
　A．めあてや課題を与える
　B．子供の気づきを共有する

どんな授業をしたいと思っていますか？
　A．静かに考えを深める授業
　B．活発に話し合いおもしろい授業

→ A
--→ B

あなたは明日の授業をつくるとき，何からしますか？
　A．指導書を読む
　B．教科書を読む
　C．子どもの実態を捉える

あなたの授業はどちらのタイプ？
　A．あまり盛り上がらない
　B．はじめに盛り上がる
　C．中盤以降に盛り上がる

子どものノートや板書は？
　A．スカスカ
　B．ノートと板書の内容が全く同じ
　C．子どもの考えがいっぱい

→ A
--→ B
……→ C

答えがAのあなた！
国語の授業で大切なことは，教師が教えたいことをもつこと，子どもが学習したいことを知ることです。楽しい授業を考える視点を増やしていきましょう！
2章の1へ。

答えがBのあなた！
教材を正確に読むことや，教師の読みを授業に生かすことは大切。しかし，ともすれば一方向的な学びに。子どもの発言を引き出す技，気づきを生み出す技を身につけましょう！　2章の5へ。

答えがCのあなた！
楽しい活動の中に深い学びにつながる発言や気づきが見え隠れしています。そこに気づいてつなげられる発問の力や，意見をまとめる力を高めましょう！
2章の13へ。

2章　国語指導　ステップアップの授業テクニック40

用語

深い対話を生み出す「用語」
―文学の授業1―

3年目教師
> 物語の授業で、何を考えさせればいいのかよくわかりません。

先輩教師
> 算数に算数用語があるように、国語にも国語用語があるのよ。用語は、考えさせることの手がかりになるの。

3年目教師
> そうなんですか？ 国語用語にはどんなものがあるんだろう。

先輩教師
> ちゃんと知っておくと、教材研究にも役に立つのよ。低学年から考えていきましょう。

低学年の文学の授業―「題名」と「設定」だけで読みが豊かに！

○題名
物語のタイトル。「設定に関わるもの」「台詞」「キーアイテム」に分けられることが多い。どれに当てはまっているかを考えるだけで、題名に込められた作者の思いや、作品の中での重要なものに気づかせることができる。

○設定
「時」「場所」「登場人物」を指す。物語の大枠を捉えるために必要な用語。この3要素がそれぞれ関連しながら物語が進む。

「題名」と「設定」だけでも、深い対話を生み出す授業ができます。「題名」はこれまでの題名と比べたり、題名の中にある言葉に着目することで子どもは「どうしてこの題名なんだろう」「どんな人物が出てくるんだろう」と疑問を持ちます。「題名」と「設定」には関連があり、それを読むのも物語を楽しむための方法です。

「題名」で読み深める授業

○がつ○にち○ようび
さくしゃさの　ようこ
だいめい
だってだっての　おばあさん

◎だいめいからそうぞうしたこと
・「おばあさんが出てくるおはなし」
・「だってというのが口ぐせかな?」
・「言いわけをするおはなしかな」

◎きづいたこと
・だいじな人のなまえがだいめいになっている

〈授業の流れ〉

①題名をノートに書く。

②題名から想像したことをノートに書く。
「おばあさんが出てくるお話だと思うけど」
「だってというのが口ぐせかな?」「おばあさんが言い訳?」

③②を発表する。教師は子どもたちの言葉をつなげていく。

④範読を聞く。
想像したことと比べながら聞くようにさせる。

⑤想像したことと，つながっていた内容を発表する。
「やっぱりおばあさんが出てきたよ」
「おばあさんが何回もだってと言っていたよ」

⑥「題名」の重要性に気づく。
「人の名前が入っている題名は，その人が大切な人なのかな」
「題名だけでお話を想像できたのがすごいよ」

みんなの予想は合っているかな?とわくわくさせよう!

題名の中に人物像につながる大ヒントが!

授業力アップのポイント

- 題名に着目する視点を養おう
- 用語を観点にして対話を促そう

用語

2 深い対話を生み出す「用語」
―文学の授業２―

3年目教師

> 用語にも種類があるんですか？

> ええ。作品の構造に関する用語と，読者の読みに関する用語があるのよ。

先輩教師

3年目教師

> そうなんですね⁉　構造に関する用語ってどんなものですか？

> 実はさっき教えた「題名」や「設定」も構造に関する用語よ。

先輩教師

◆作品の構造に関する用語
―物語の場面の切れ目や盛り上がりがよくわかる「用語」とは？

○登場人物の役割：中心人物・対人物・脇役

登場人物とは，人のように動き，話し，考える人物（動植物も含む）のこと。登場人物の中に①中心人物②対人物③脇役の３つの役割がある。

①中心人物―視点人物。この人物を中心として物語が進む。最も大きく心情や行動が変わる人物のこと。

②対人物―中心人物に対し特別な関係であり，中心人物の変容に大きく関わる人物のこと。

③脇役―中心人物を引き立て，物語の展開において重要な役割をもつ。

○事件

中心人物が変容するきっかけとなる出来事のこと。登場人物が出会ったり，引き起こしたりするもので，複数ある場合がある。この事件が解決されることによって，中心人物は何らかの変容を遂げる。

構造に関する用語：「登場人物の役割」で読み深める授業

```
〈ふりかえり〉

☆いちばんきもちがかわ
　った人＝？

◎中しん人ぶつはだれか
　な？

◎とうじょう人ぶつ
・おかみさん
・たぬき
・木こり

めあて
とうじょう人ぶつにつ
いてかんがえよう。

たぬきの糸車　きし　なみ

○がつ○にち○ようび
```

〈授業の流れ〉

①題名・作者・めあてをノートに書く。

ポイント 物語の通例を確認！

②本文を読み，登場人物を書きだす。

「どんな人物が出てきたかな。ノートに書きましょう」

③「中心人物」を教える。

「物語は，必ず誰かの気持ちが変わったり，考え方や行動が変わったり，成長したりするよ」

「このような人物のことを，中心人物といいます」

ポイント 物語の通例を用語につなげる！

「このお話の中で，中心人物は，誰かな」

④中心人物と対人物の関係を考える。

「おかみさんの気持ちが変わっているんだね」

「おかみさんは，どうして気持ちが変わったのかな」

⑤気づいたことを振り返りに書く。

授業力アップのポイント

- 子どもの学習活動によって構造に関する用語と，読者の読みに関する用語のどちらを使うかを吟味して課題をつくろう
- 用語を読みの観点にすることで，子どもに「文学作品をどう読むか」をつかませよう

2章　国語指導　ステップアップの授業テクニック40

用語

3 深い対話を生み出す「用語」
― 説明文の授業1 ―

3年目教師

説明文と物語文で教える用語は違うのですか？

そうね。それぞれに特有の用語があるわ。

先輩教師

3年目教師

低学年の説明文で教える用語を教えてください！

◆ 低学年の説明文の特徴から「用語」につなげる

　低学年の説明文の特徴を考えると，自然と教えなければならない用語が明らかになります。説明文の特徴である下記の①〜④を読み取りの中で理解させながら，「用語」を教え，知識を積み上げていきます。

低学年の説明文の特徴と教えたい「用語」
①題名を読めば「何が書かれているか」がわかる―「題名」と「筆者」
②各段落の文の数がほぼ一致している―「（形式）段落」
③問いと答えが明確―「問い」「答え」
④事例列挙型が多い―「事例」

---

　①〜④の用語を一度に全て教え込もうとするのではなく，説明文を学習するたびに，あるいは単元の中で何度もその用語を確認し，言語活動の中で繰り返し使わせていくことが大切です。

　例えば，１年生で初めて学習する説明文で「問い」「答え」を学びます。次の説明文で「問いと答えは？」と問います。これを続けていったとき，「問い」がない説明文に出会うと，「問い」を探す子が育ちます。

説明文の基礎を教える用語

```
○月○日○よう日
どうぶつの赤ちゃん
ますいみつこ　文

めあて
生まれたときのようすをくらべよう。

だんらく
　　ライオン　しまうま
　　②
　　⑤

大きさ

目や耳

おかあさんとくらべて

〈ふりかえり〉
```

〈授業の流れ〉

①題名・筆者・めあてをノートに書く。

②音読する。

　「全部で何段落あったかな」

③生まれたときの様子が書いてある段落を見つける。

　「ライオンの赤ちゃんが生まれたときの様子は，何段落に書いてあるかな」

　「しまうまの赤ちゃんが生まれたときの様子は，何段落に書いてあるかな」

④2段落と5段落を比べて読む。

　「一文目には何が書かれているかな」

　「2段落と5段落，似ているところはあるかな」

⑤めあてについて，気づいたことを振り返りに書く。

音読で段落を意識させて，比べる視点を与えよう！

特徴の②を教えるチャンス！

授業力アップのポイント

● 教材の特徴から学習すべき「用語」につなげよう
●「段落」という用語を使い，段落同士を比べて内容を読み取ったり，一文同士を比べて共通点を見つけたりできる子を育てよう

2章　国語指導　ステップアップの授業テクニック40　37

用語

4 深い対話を生み出す「用語」
―説明文の授業2―

3年目教師

中・高学年の説明文ではどんな用語を使うのでしょうか。

文章量が増えるから，段落のつながりも複雑になるでしょ？

先輩教師

3年目教師

そうですね。何を伝えるための文章か捉えられない子もいます。

だから，筆者の言いたいことをつかむための用語が大切よ。

先輩教師

中・高学年の説明文の特徴から用語指導へ

　説明文の学習は，筆者が何を言いたいかを捉え，その書き方の工夫や表現の仕方を学んだのち，子どもたち自身が書くことをねらいとして行われます。そのため，「筆者はこのようなことが言いたいから，こういう書き方にしたのだ」という学びを学習の軸とします。筆者の説明の仕方，考えの書き表し方を読み取るための「用語」を教え，子どもたちが議論したり，自分の考えを発表するときに相手にわかりやすく伝えるための手立てとしましょう。

中・高学年の説明文の特徴と教えたい「用語」

①文章構成の形式が多様になる―「筆者の主張」＝「要旨」
　　　　　　　　　　　　　　―「頭括型・尾括型・双括型」
　　　　　　　　　　　　　　―「段落構成図」
　　　　　　　　　　　　　　―「意味段落」
②一つの段落の文章量が増える ―「要点」
③全体の文章量が増える　　　 ―「要約」
④意見の述べられ方　　　　　 ―「意見・根拠・理由」

用語で読み深める説明文の授業

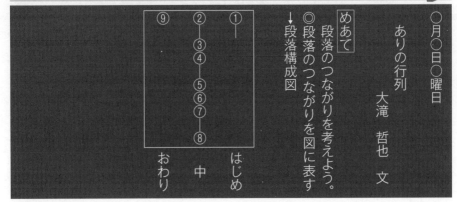

〈授業の流れ〉

①題名・筆者・めあてをノートに書く。

②「段落構成図」という用語を知る。

「段落のつながりを目で見てパッとわかるようにした図のことを段落構成図といいます」

③１年生で学習した説明文で段落構成図を描いてみる。

文章量が少ない説明文で段落構成図を描かせると，達成感を味わうことができるため，複雑になった説明文の段落構成図に挑戦したい気持ちを掻き立てます。

④「ありの行列」の段落構成図を描き，共有する。

まずは成功体験を増やそう！

授業力アップのポイント

●新しい用語を学習したときには，「既習の作品では……」とこれまでの学びと結びつけて，学習の積み上げとステップアップを実感させよう

5 板書
めあてを深める板書で学習課題が明確に！

3年目教師

いつも一方的にめあてを提示しているような気がするんです。

子どもがノッてこないということ？

先輩教師

3年目教師

考えて活動していないような気がして……。

めあてを子どもと考えさせるという方法があるわよ。

先輩教師

課題解決のための見通しを板書でおさえる

　授業をするときに、児童に学習課題を把握させ、授業に見通しを持たせるためにめあてを提示することが多いですね。めあてだけでは、やるべきことはわかっても、それをどのようにして解決するかまではわかりません。

　そこで、まずはめあてや課題に疑問をもつ場を設定します。めあてや課題を全員で読み、「わからないことはありますか？」や「この言葉知っている？」と問うことで、**解決するための手段や方法、新しい用語を子どもたちと共有**する時間をつくります。例えば、「ごんの気持ちを考えよう」というめあてにした場合、気持ちを考えるために何をヒントにしたらよいかを尋ねます。そうすると、これまでの学びから「行動」や「台詞」をヒントにして気持ちを考える、という手段を導き出し、それらを全体で共有することができます。

　めあてや課題を長くしすぎたり、細かく活動を示したりすると、初めから子どもは考えなくなってしまいます。めあてや課題に対して何を思ったかを問い、授業の構えをつくると同時に考えを引き出すようにしましょう。

めあての広げ方（例：「どうぶつ園のじゅうい」）

① 「めあてを全員で読みましょう」
　声に出して読ませることで，何を学習するかを全員に理解させます。
② 「『中』は何段落から何段落ですか？どんなことが書いてありましたか？」
　「はじめ」「おわり」とつなげると，前時を想起し，文章全体を捉えることができます。
③ 「『くふう』とは，どんなことですか？」
　わからない言葉や曖昧な言葉を聞き，問い返すと，既習事項でわかっていることや，個々人の知見をみんなで共有することができます。

めあて
②〜⑧じゅういのしごと
「中」の文の書き方のくふうを見つけよう。
読み手をひきつけるためのよい方ほう

めあての深め方―振り返りで一目瞭然！

　一時間の学習の流れと深まった考え，大切な言葉が残るように板書していきます。そうすることで，課題を解決していった様子がわかる，授業の深まりが視覚化できます。書くことが苦手な子どもも，色チョークなどで，深まった考えや大切な言葉を目立たせるように書いておけば，困難なく振り返りに気づいたことをまとめることができます。

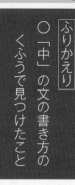

ふりかえり
○「中」の文の書き方のくふうで見つけたこと

授業力アップのポイント

● めあてや課題に対して思ったことを問い，課題解決のための見通しを板書しよう
● めあてや課題に対する振り返りにして，１時間の学習がぶれないようにしよう

6 板書 子どもの思考の足跡が残る板書

3年目教師
板書って本当に書く必要があるんですかね。

絶対必要よ！　なかったら空中戦になってしまうもの。

先輩教師

3年目教師
空中戦⁉

言葉が飛び交うだけで，深まりが感じられないわ。

先輩教師

声は消えるが，板書には残る

　課題を提示し，まずは１人で自分の考えを書かせる時間をとり，その後全体で考えを共有するといった流れが国語授業の基本的な形です。子どもたちは，自分の考えやその根拠を長文で語ります。このとき，10名の子たちが語ったとして，子どもの考えを板書に残していなかったらどうでしょうか。10名の子たちの考えや根拠をしっかり覚えている子がどれほどいるのでしょうか。板書は考えを深めていく，子どもたちをつないでいくために必要なものなのです。しかし，子どもの思考を板書に残そうとしたとき，「子どもの考えを全て書く必要があるのか」「全て書く必要がないのであれば，何を書いたらいいのか迷う」という悩みをよく聞きます。板書は，子どもたちが**自分の考えと他者の考えを比較**できるように残すことで，**共感する部分や疑問に思う部分**が生まれることをねらいます。子どもたちが学習を進める中で，黒板に書いてある情報から考えを深められる，疑問を抱くことができるように，次の２点に注意して板書をしてみましょう。

考えを深め，子どもをつなぐ板書にするために

〈ポイント１　思考の流れを板書に残す〉

　子どもたちが発問に対し一生懸命に考えた答えの中には，一見すると的外れなものも発問の意図とは違うこともあります。しかし，その思考の流れや発問の捉え違いは，他の子にも起きていることかもしれません。多くの考えを聞きながら，どうしてこのような答えになったのかを全体で共有できる板書を目指し，子どもの意見はできるだけ残しておきましょう。

〈ポイント２　キーワードをわかりやすく示す〉

　できるだけ子どもの意見を残そうとしても，発表が長く，何を書こうと迷ってしまうことがあります。そのようなときには，「今自分の考えの中で大切なことや重要なことは何？」と子どもたちに問い返します。そうすることで，聞いている子どもたちにとって意見の要点がわかりやすい状態で黒板に残すことができます。

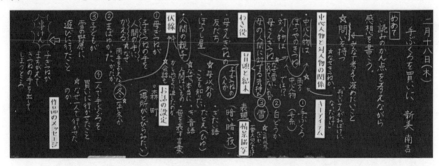

　上は「手ぶくろを買いに」の導入で，初発の感想を交流したときの板書です。カラーマグネットで観点を表示し，色チョークでキーワードや重要な言葉を書いています。

授業力アップのポイント

- 思考の流れを板書に残し，考えを深めよう
- キーワードや重要な言葉をわかりやすく板書しよう

板書

7 参加型板書で子どもが主体的に！

3年目教師
> やっぱり板書って難しいです。

先輩教師
> 何が難しいの？

3年目教師
> 子どもの考えをそのまま書けないので……。

先輩教師
> それなら板書を解放してみるのはどう？

◆ 子どもに板書を解放する

　必死に考えたときの子どもたちの発表は、長文になってしまいがちです。そのため考えを聞き、黒板に書こうとしても子どもの考えと異なることを書いてしまう場合があります。長文をわかりやすく書くため短く書こうとしたときにもそのようなことが起こってしまいます。そんな悩みを解決するための手段の1つが、子どもたちが黒板に考えを書く「参加型板書」です。子どもたちは黒板に文字を書くことが大好きです。この参加型板書は、子どもの学習意欲を高めるとともに、授業を盛り上げます。

参加型板書にする3つの技

〈ポイント1　子どもたちが板書する範囲や書く文字の大きさを決める〉

　子どもたちが板書するときには、「ここからここまでに書いてね」と範囲を決めたり、教室の後ろの子まで見えるように「大きめの文字で書いてね」と伝えておくことが大切です。最初はなかなかこちらが思っているようには書けなくても、経験を積めばどの子でも書けるようになります。

〈ポイント2　ホワイトボードを活用する〉

　事前に板書計画を立てているため、子どもが書くことで予定が崩れてしまうこともあります。そこで、自分の考えを直接板書させるのではなく、ホワイトボードに自分の考えを書かせ、黒板に掲示する方法でも、子どもたちと板書をつくり上げることができます。ホワイトボードがなければ、紙でも構いません。ホワイトボード・紙をグループに渡し、書かせることで、考え方を話し合う場をつくることもできます。

〈ポイント3　ネームプレートを活用する〉

　右の写真は、考えがいくつか出てきて、自分はどの立場なのかをネームプレートで意思表示している様子です。クラス一人ひとりの立ち位置がわかるため、話し合いが活発になります。ディベートの学習では黒板係をつくり、子どもたちの議論をメモすることもできます。

授業力アップのポイント

- 板書をさせる範囲を伝えよう
- ホワイトボード・紙・ネームプレートで考えや立場を共有しよう

板書

8 構造的板書に挑戦！

3年目教師

構造的な板書って何ですか？

先輩教師

黒板を縦や横・斜めに分けたり，表や図を使って観点別に様々な内容を比較するときに使う板書の書き方よ。

3年目教師

それはどんないいことがあるのですか？

先輩教師

気づきを生み出すことができるところね。

 構造的板書とは

　構造的板書とは，学習内容を構造的に示すことで子どもに意図した気づきを生むことができる板書のことをいいます。

　国語の授業では，よく右側から書き始めて，左へ進んでいきます。算数なら左側から始まって右へ進みます。しかし，子どもの思考の流れはいつも同じ方向に流れているとは限りません。行ったり来たりしながら答えを見つけ出したり，比べながら違いを見つけたり新しい発見をしたりするのです。そのような行ったり来たり，あるいは比べたりすることをあらかじめ予想して視覚的にわかりやすい板書をすることで，教師の意図を板書に示し，子ども自ら気づかせることへつなげるのです。

　板書を構造的にするには，児童の既習知識や予想される考え，反応をきちんとつかんでおくことが必要です。どんな意見が出てきて，どのような流れで学習を深めていくのか，つまり教師がどうコーディネートするかが構造的板書が子どもにうまく作用する鍵となります。

構造的板書の例

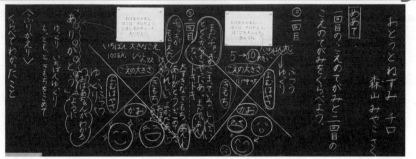

「おとうとねずみチロ」の学習で，1回目のおばあちゃんへの声の手紙と2回目の声の手紙を比べ，チロの会話文の読み方を考えさせる場面です。Xチャートを使うことで，「声の大きさ」「読む速さ」「気持ち」「顔（表情）」を1回目と2回目で比較しやすくすることができます。

構造的板書を支えるポイント

①板書のパターンを定着させる
　Bの部分を構造的にします。子どもに考えさせるときには，Bをどのように書くか，明確な指示を出します。

②色チョークの意味を教える
　深まった意見や，全員で共通認識させたいことなどは色チョークで書きます。例えば，**黄色は子どもの重要な意見や考え，橙色はみんなで確認したい大事な言葉や全体で深まった考え**としておくと，子どもたちの学びの振り返りに役立ちます。

A	B	C
単元名・めあて	☆構造化	ふりかえり

Bを縦や横，斜めに分けて思考を整理しよう！

授業力アップのポイント

- ●板書のパターンを定着させよう
- ●色チョークの意味を教えよう

発問
9 子どもの気づきを引き出す発問づくり

3年目教師

何かいつも自分から教え込んでいるような気がして……。

教えることは大切なことよ。

先輩教師

でも，子どもたちが「気づく」場面をつくることが必要ね。

先輩教師

どういうことですか？

3年目教師

◆ 子どもの気づきを引き出すとは

　国語の文章は，「意味や漢字がわからない」というもの以外，大概は「理解している」「読めた」と自分自身で思っている子が多いのではないでしょうか。しかし，「読めたつもり」であり，深いところまで読めている子どもは少ないでしょう。「あれ？これはどういうことだろう？」「どうしてこんな表現をしているのかな？」と文章にこだわることができるようになってくると，自分1人で読むときにも気づけること，感じられることが増えてきます。

　はじめから自分だけであらゆることに「気づく」ことは無理です。教師が「問い」を投げかけてあげることで「気づく」ことが増えていきます。ただし，いつまでもそうではいけません。教師が発問するようなことを，子どもたち自身が考えられるように「問い」をもつことの大切さ，「問い」から考えていくことの楽しさを見つけられるようにしていきましょう。

48

題名に注目してみる

「なまえつけてよ」という作品では，登場人物同士のつながりを読み取っていくことが大切です。登場人物と同じ年齢の子どもたちはすっと物語世界に入り込んでいくことができるでしょう。

作品には，名前つけてよと言う言葉が2回出てきます。1回は平仮名で「なまえつけてよ」，もう1回は漢字で「名前，つけてよ」とあります。そこで「題名は『なまえつけてよ』となっているのはどういうことだろう」と発問すると，2つを比較したり，それぞれの言葉と登場人物のつながりについて考えようとします。題名は，その作品の中身をよく表しています。作品を読み終わった後に，改めて題名を意識することで読み深められることが増えていくでしょう。

子どもたちに自分たちで授業を進めている実感を！

「？」を大切にする

初読の段階で上述の発問である「題名が『なまえつけてよ』となっているのはどうしてだろう」と考えている子は，クラスに数人程います。教師からその話題を出すのではなく，初読の感想を交流することで子どもから疑問を出させ，「自分たちから出た疑問を考え，作品を読み深めていくことができる」という経験をさせます。

そこからは，互いに自分のふとした「？」を大切にするようになります。これらが積み重なってくると，教師からの発問はどんどん必要なくなり，自分たちで気づきを生み出す場をつくっていくことができます。

授業力アップのポイント
- 「読めたつもり」の自分に気づく場面をつくろう
- 自分で「問い」をつくれるようにしよう

発問 10 登場人物に同化させる発問の練り方

3年目教師
登場人物の心情を読み取るのが難しくて……。よい方法はありますか？

「心情」「気持ち」と言われても，私たちでも難しいわ。

先輩教師

でも，登場人物になりきって考えたら，子どもたちも心情を考えやすいんじゃないかしら。

先輩教師

3年目教師
なりきらせるためのよい発問はありますか？

◆ 作品世界を広げる読み，登場人物の心情を考えるために

　文学作品を読むとき，登場人物の心情を考えることは作品世界を広げてくれます。しかし，登場人物の心情には，テクストをただ客観的に読むだけでは見えないもの，気づかないものがあります。情景，行動，会話文などの細部にこだわって読むことにより，登場人物の心情を感じ取ることができるのです。

　そこで，情景，行動，会話文などのテクストにこだわる手立てとして，読み手である子どもたちが登場人物に同化する方法があります。

　登場人物に同化し，「そのとき，その場面でどんなことを思っていたのか，どんなことを考えていたのか」を考えさせるためには，**教師の発問や音読をきっかけにして，登場人物と自分をつなげていくことが大切です**。そこから，作品の読み方や広がる世界が大きく変わってきます。

教師の発問で登場人物に同化する発問

「大造じいさんとガン」の本文に「が、何と思ったか、再びじゅうを下ろしてしまいました」の一文があります。読みの世界を広げていく際、「ちょっと大造じいさんになって、この場面を演じてごらん」と声かけをします。銃を下ろす大造じいさんを演じてみると、ただ単に「じゅうを下ろしました」ではないことが感じられます。目の前の残雪とハヤブサとのたたかいから、銃を下ろすことになった経緯などを、大造じいさんになりきって考えることができます。

動作化して登場人物の気持ちを考えてみよう！

音読を通して登場人物に同化する発問

「お手紙」のがまくんとかえるくんがかたつむりくんからのお手紙を待つ場面。ここでは音読を通して、2人になりきることができます。手紙が来ることがわかっていて、来ないことに焦りを覚えるかえるくんと、手紙が来ることがわかっておらず、来ないことを嘆いているがまくん。この2人の心情が音読を通して明らかにすることができます。

登場人物に同化するために、役割読みで音読させます。最も心情に変化があるかえるくんがかたつむりくんを待つ場面で取り入れましょう。このとき、「がまくんとかえるくんの位置関係も考えて役割読みをしましょう」と発問することで、より豊かに登場人物の気持ちを考えることができます。2人の距離が縮まっていく様を動作化すると、つい手紙を書いたことをバラしてしまった経緯を感じ取ることができます。

授業力アップのポイント
- 情景・行動・会話文に表れている心情に気づかせる発問を練ろう
- 音読の役割読みを通して登場人物に同化させよう

発問

11 授業が子ども主体になる「必要感」をもたせる発問

3年目教師　子どもたちが授業に全然乗り気じゃありません。

先輩教師　子どもたちにとって必然性のある学習になっている？

先輩教師　「やらされている」になると，どんどんやる気がなくなるわ。

3年目教師　必然性ってあまり考えたことがなかった……。

 必要感をもたせるためには

　授業が，子ども主体になるかは，今学んでいることに子どもたちが必要感を感じているかどうかにかかっています。「なんで，今こんなことを考えないといけないのだろうか」「この学習にどんな意味があるのだろうか」と，どこかに疑問をもたせている状態では，子どもたちは教師の求めていることに何とか応えようとする学習になってしまいます。

　必要感というのは，まず，「他の人の考えを聞きたい」「自分の考えを伝えたい」という場をつくることです。また，そこで学習したことが今後の自分につながっていくという見通しをもつことです。必要感をもたせるには，全ての学習が**子どもたちの問いから始まる**のが理想です。そうでなくても，子どもたちが学んでいることが生活につながるような場を教師がつくることによって，子ども主体の授業へとつながります。子どもたち自身が，学習に意味を感じられるような発問が，子どもたちの学習への必要感を生み，学習をどんどん加速させます。

教材の意味をしっかりととらえて

説明文教材「生き物は円柱形」では，筆者の主張に対する自分の考えを述べるとともに，筆者の論説の仕組みについても学んでいく教材です。だからといって，ただ単に，順を追って学んでいけばよいのではありません。

例えば，「筆者の意見に対して自分が納得できたのはどの段落だろう」と問います。すると，子どもたちによって「何段落」というのは違ってきます。このズレから，聞き合おう，話し合おうとする姿勢を生み出します。聞き合い，話し合いの過程で，筆者の考えに対する自分の考えをもったり，広げたりするのはもちろんのこと，それぞれの段落の必要性や，段落同士のつながりなども見えてきます。

学んだことと生活をつなげる

読者として，それぞれの段落の必要性や段落同士のつながりを見つけていくことによって，自分が何かの説明文を書くときに，読者を意識して書くことができます。「筆者の意見に対する自分の考えを書きましょう」「段落同士のつながりを見つけましょう」では考えられないことです。

読み取りの中で学習したことを，アウトプットしていく場を必ず設けます。それが生活につながる必要感です。インプットするだけで授業を終えるのではなく，アウトプットをすることで，力の積み上げを実感させ，学習に意味を持たせましょう。

> **ポイント**
> アウトプットで学習の必要感を生み出そう！

授業力アップのポイント

- 意見が分かれる発問をしよう
- 生活や今後の学習につながる言語活動を設定しよう

指導技術編

領域別編

活動編

2章　国語指導　ステップアップの授業テクニック40　53

発問

子どもの想像力を広げ，作品の構造に迫ることのできる「かくす」技法

3年目教師

作品の構造になかなか目を向けさせることができません。

あまり直接聞いても実感できないものよね。

先輩教師

何か1つ工夫するだけで，わかるようになることがあるのよ。

先輩教師

3年目教師

どういうことですか？

◆子どもの想像力を広げ，作品の構造に迫ることのできる発問とは

　大概の子どもたちは，一通り作品を読んでも「読めたつもり」になっています。作品の内容についてはもちろんのこと，作者の表現の特質や作品の構造についてはもっと「わかったつもり」になっていることが多いです。いきなりこのようなことにまで注目できる子はいません。

　作品の構造に注目できるようになる手立てとして，「かくす」という方法があります。物語文でも，説明文でも，筆者の表現の特質をあえて隠すことによって，より注目させることができます。

　隠す前には素通りしていた文章にも，あえて注目することによって，その意味が理解できます。何を隠すか，何を隠さないかは，もちろん教師がしっかりと教材研究を行う必要があります。作品の構造に目を向けることができるような「かくす」場所や場面，言葉を考えてみましょう。

宮沢賢治「やまなし」の最初と最後の文に注目してみる

「小さな谷川の底を写した，二枚の青い幻灯です」「私の幻灯はこれでおしまいであります。」冒頭と最後，2つの文章を抜いても，物語としては読むことができます。もしかしたら，何も気にならない子もいるかもしれません。ただ，この2つの文章はこの作品の額縁構造をつくっています。

あえて隠すことで，改めてこの2つの文章に目を向けさせます。「2枚の幻灯とは何か」「なぜ5月と12月なのか」など，気になったり考えられたりすることがどんどん出てきます。「私の幻灯は……」から，作者宮沢賢治についても，改めて目を向けられることにつながるかもしれません。

「大造じいさんとガン」の情景描写に注目してみる

先ほどの「やまなし」と同様，「大造じいさんとガン」の文章から情景描写を抜き取ったとしても，内容は伝わってきます。隠した後，改めて情景描写の文章を提示しても，「必要ないのでは？」という考えが出てくるかもしれません。そういった子は，景色としての文章にしか目を向けられていない可能性があります。改めて，情景描写と，その前後の文章をつなげて読むことによって，その場面での心情とのつながりに気づいていくことができます。これまでと違った情景が描けるかもしれません。

どちらも，教師が読みどころをきちんと理解しておく必要があります。なんでもかんでも隠していいわけではありません。隠すことで，あえてそれらの文章に注目させることができます。子どもたちがすでに気になっているのであれば，子どもたちからの意見を採用して考えられる場面をつくりましょう。

教材研究で「読みどころ」を見ぬこう！

授業力アップのポイント
- 作品を理解して，注目すべきポイントを見つけよう
- あえて「かくす」ことで注目させよう

話すこと・聞くこと

13 自然と意見を出し合い，聞き合える場の仕掛け（ペア）

3年目教師
「隣同士で話し合いましょう」と言っても，なかなか話し始めません……。

それはそうね。私たちだって急に言われても困るでしょう。

先輩教師

大人も子どもも一緒なのよ。「聞きたい」「話したい」場をつくらないと。

先輩教師

3年目教師
え！　そうなんですか？

◆ 自然と意見を出し合い，聞き合えるとは

　聞き合い，話し合いの基本は2人組からです。お互いに思っていることを伝えたり，聞いたりすることでどんどん考えが深まっていきます。**「自分ひとりで考えるよりも，仲間と一緒に考えた方が学びになる」**という体験が，「聞こう」「話そう」という意欲へとつながります。教師からの「聞きましょう」「話しましょう」をもとに，聞いているふり，話し合っているふりになってしまっては本当の「考えが深まる対話」になりません。

　3人以上になると，どう話し合いを進めていくかも考えなくてはいけません。ただ，2人組での経験が活きてきます。これ以上の人数でも「聞きたい」「話したい」と自然と思える状況にしていきたいものです。

　子どもたちの中に「問い」が無い状態で「さぁ，話し合いましょう」と言っても，それは「先生に言われたから」の話し合いです。義務の話し合いなど楽しくありません。自分の中で気になることを「話したい」，他の友達の意見を「聞きたい」と思える仕掛けをつくりましょう。

とことん質問タイム！！

　学級全体でのスピーチの後，授業で自分の考えを持った後，相手にとことん質問する時間をつくります。その時間の限りは思いつく質問をします。最初は質問を考えるのが難しいかもしれません。「先生に言われたから」かもしれません。ただ，時間が経つにつれ，質問することによって考えが深まったり，相手のことをよく知れたりする経験を積み，質問することの楽しさや意味を子どもたちなりに感じられるようになります。そこから，別の場面でも，「気になったことは聞いてみよう」という行動が生まれます。

　「自分のことを伝える，話す」よりも「相手の考えを聞く」ことこそが，コミュニケーションの第一歩です。「聞くことが楽しい」「聞くことで学習理解を深める」という集団の雰囲気をつくりましょう。

ポイント！
聞きたい思いが学級力を高める！

テーマトーク

　国語の授業に限らず，2人組で話し合いやすいようなテーマを子どもたちに投げかけます。「朝ごはんに食べるなら？」「好きなアニメは？」などなんでも構いません。まずは，子どもたちが話しやすい内容から始めましょう。

　ただし，2人で話し合うといっても，どちらかが一方的に話して終わる場合もあります。だからこそ，終了後には振り返る時間を設けます。「こうすれば，もっと話し合えた」を自分たちで見つけることで，どんどん自然とよりよい話し合いができるようになっていきます。

授業力アップのポイント
- ペアトークで「聞きたい」「話したい」を始めよう
- 聞くこと，話すことで考えが深まる経験をさせよう

話すこと・聞くこと

14 意見が「出る」から「深める」へ

3年目教師

意見がいっぱい出てくるようになりました。

素敵なことね。そこから意見は深まっている？

先輩教師

3年目教師

いや，たくさん意見が出ているというだけで……。

意見がたくさん出ているからよい，ということではないのよ。

先輩教師

 意見の深まりが見えるとは

　意見が深まるとはどのようなことでしょうか。子どもたちからの意見がたくさん出ていたとしても，それぞれ発表会のように乱立していては，意見は深まりません。意見の深まりが見えるには，**子どもたち同士の言葉がつながっていること**が必要です。

　意見が深まる話し合いには，聞こえてくる言葉があります。それらは，友達の発言を聞き，自分の考えをつなげて話すときに使われる言葉です。しかし，音声でしか残らない表現が，全ての子どもたちの力となることは難しいものです。**意見が深まる言葉を取り上げる**ことによって，自分たちの話し合いが深まっているかどうかを考えるきっかけになります。

　また，板書によって意見の深まりを見えるようにすることができます。子どもたちの意見がつながっていることをわかりやすく板書することでお互いの意見が深まっていくことを感じられます。

58

意見が深まる言葉に立ち止まる

子どもたちが話し合っている内容を聞いてみると，下記のような意見を深めるための言葉を使っています。

「だって……」　「でも……」　「なぜなら……」
「もうちょっとくわしく言って」　「どういうこと？」
「○○くんと似ていて……」　「○○くんとちがって……」
「○○さんはどう考える？」　「○○さんに質問で……」

これらの言葉は子どもたちから自然と出てくるからいいものであって，話型として始めから示してしまうと，どうしても形式的な話し合いになってしまいます。しかし，これらの言葉が子どもから出てきても，立ち止まらずに過ぎてしまうと，子どもたちの話す力は伸びません。これらの言葉が出てきたときにピックアップしてあげることで，「意見を深める」ことを意識することができます。「どうして意見を深めることになるか」も子どもたちとともに考えられると，子どもたちも自然と意見を深めるために必要なことを活かそうとします。

子どもたちの意見が話す力を伸ばすチャンス！

意見の深まりが見える板書を工夫しよう

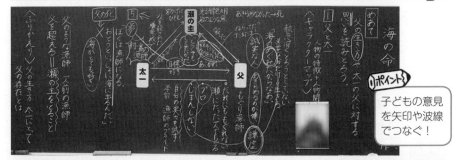

子どもの意見を矢印や波線でつなぐ！

授業力アップのポイント

- 意見が深まる言葉に気づく場面をつくろう
- 矢印や波線で意見の深まりを可視化する板書をしよう

話すこと・聞くこと

15 話し合いが活発になるホワイトボードの活用

3年目教師: いつもぼくばっかりが授業を進めている気がします。

先輩教師: 子どもたちにもホワイトボードを渡してみたら？

先輩教師: 自分たちで活発に話し合うきっかけになるわよ。

3年目教師: ホワイトボードを子どもたちが使うなんて考えたこともありませんでした。

◆ ホワイトボードを活用して活発に話し合えるとは

　子どもたちの意見を教師が聞いて，それらを黒板に書く，というのはごく普通の授業の形です。これを子どもたちだけでできるようになると，授業はもっと活発になると思いませんか。しかし，子どもたちだけで大きな黒板を使い，授業をするのは無謀とも言えます。板書③の参加型板書と組み合わせて，ホワイトボードを使った活発な話し合い活動を授業に取り入れてみましょう。

　グループ学習を行う際に，ホワイトボードを渡すと，ただ単に「話し合って終わり」ではなく，話し合ったことが子どもたちの手元にも残るため，他のグループとの話し合いとつなげることができます。

　また，ホワイトボードに書きながら考えることもできます。はじめはなかなかうまく考えを整理することはできませんが，慣れていけば慣れるほど，ホワイトボードを活用して活発に話し合っていくことができます。

ホワイトボードを活用する練習から

まずはゲームから始めていくのがよいでしょう。しりとりや，イメージマップなどをグループで書いていきます。「ホワイトボードに書く」ことに慣れることで，学習の場面でもスムーズに活用することができます（参考『よくわかる学級ファシリテーション②—子どもホワイトボード・ミーティング編—』岩瀬直樹・ちょんせいこ著，解放出版社）。

> **ポイント**
> 書くことに慣れさせよう。

グループ学習でホワイトボードを活用する

グループで考える際にホワイトボードを渡します。はじめは，それぞれの考えを箇条書きするだけで構いません。だんだんと，**考えと考えをつなげる矢印**が出てきたり，意見をダラダラと書くのではなく，**端的に書き表したり**しようとします。こうなると，ホワイトボードに書きながら自分たちの考えを整理したり，深めたりすることができるようになります。「**ホワイトボードを活用すると，学びが深くなる**」と子どもたち自身が実感すると，「ホワイトボードを使いたい」と言ってくるようになるでしょう。

グループ学習で終わりにするのではなく，全体での学習へとつなげていくこともできます。それぞれのグループでどんなことを考えたのかはホワイトボードを見ればよくわかります。一から説明してもらっていたのではよくわかりませんが，ホワイトボードをもとに交流することによって，全体でさらに考えを深めることができます。

また，交流することでお互いのホワイトボードでの「考えの整理の仕方」を学ぶことができます。よりよい方法を子どもたち自身が見つけることで，さらに活発に話し合うために活用していくことができます。

授業力アップのポイント

- ●考えを整理することで，学びを深めよう
- ●自分たちで学習を進められるようにしよう

2章　国語指導　ステップアップの授業テクニック40　61

話すこと・聞くこと
16 話し合いが活発になるタブレットPCの活用

3年目教師
タブレットPCが教室にあるのですが，活用法がわかりません。

私たちが小学生のときはなかったものね。
先輩教師

タブレットPCは，話し合いをより活発にさせることができるのよ。

先輩教師

3年目教師
え！　どうやって活用するんですか？

◆ タブレットPCを活用するよさとは？

　今から数年前は，教室にタブレットPCは，ほとんどの学校にありませんでした。自分自身が子どもの頃には，タブレットPC自体がなかったという先生も多いでしょう。

　しかし，「やっぱり，紙やノートを使うのがいいよね」「デジタルなんて子どもたちの頭に入らない」なんて言っていてはダメです。子どもたちが大人になる10年後には，もっと違うものを使って考えたり，話し合ったりしているかもしれません。

　タブレットPCは，子どもたちが簡単に使いこなせるよさがあります。また，瞬時にいろんな人とやりとりできるよさもあります。これまで，付箋やホワイトボードを使っていたものでも，タブレットPCを使うことで効率化を図ることができるかもしれません。活用方法は，これから無限大に広がっていくでしょう。

画像を使って話し合う

　タブレットPCでは，簡単に写真を撮ることが可能です。また，撮影した写真や絵などの画像を自分で思うように拡大縮小したり，線を描き込んだりすることができます。

（例）「自分のお気に入りの場所」というテーマでスピーチ

　まずは，タブレットPCでお気に入りの場所を撮影し，スピーチする内容を書き出して構成を考えます。実際にスピーチする際に本物の画像を見せることで，聞く側がスピーチ内容をイメージしやすくなります。また，伝えたい内容によって，画像を拡大したり，丸で囲んだりすることで，よりわかりやすく伝えることができます。

　実際にその場所に連れて行かなくても，その場所のことを理解することができるでしょう。「デジカメで写真を撮る→印刷する」でも同じようなことができますが，手間は大きく違います。調べたいことがあればすぐに調べられるのもタブレットPCのよさです。

リアルタイムで説明の内容を示すことができる！

考えを一気に共有する

　1人1台タブレットPCがあれば，自分の考えをタブレットPCに書き込んで，一気に電子黒板に映すことができます。あるテーマについて，「賛成は赤，反対は青」と決めておくと，色だけで自分の意思表示もできます。

　そこから，気になる子に意見を聴いてみたり，子どもたち同士で考えをつなげていったりすることができます。みんなの前で挙手するよりもハードルが下がります。

授業力アップのポイント

- タブレットPCのよさを理解しよう
- タブレットPCのよさを「話し合い」につなげよう

書くこと

17 とにかく書く！

3年目教師

子どもたちの書く力を高めるためにはどうしたらいいですか？

先輩教師

書く力って，今日やって明日すぐにつくものではないからね。コツコツ続けること，とにかく書くことが大切だね。

3年目教師

でも，そのコツコツ続けるのができない子が多くて……。

先輩教師

「書きなさい！」では無理だよね。書かせるためには，教師もあの手この手をもっておかないといけないね。

3つの「こだわらない！」

　教室は，文章を書くのが大好きという子ばかりではありません。むしろ，書くことに抵抗をもっている子の方が多いかもしれませんね。この抵抗をなくすのは，一筋縄ではいきません。やはり「書けるようになる」ことが唯一の道だと考えています。そのためには，1章で述べたように，「書きたい！」という願いをもたせ，数をこなすしかありません。特に低学年の間は，小さなことにはこだわらず，楽しく書くことを一番にしたいものです。まずは，「**文量にこだわらない！　誤字脱字にこだわらない！　表現方法にこだわらない！**」の3つの「こだわらない」で書かせていきましょう。また，視点のおもしろいものや表現方法が豊かなものから，いつもよりたくさん書けたものまで，子どもたちのいいところや頑張りは大いに評価して全体に広げていきましょう。

　学年が上がるにつれて，題材や書き方に少し縛りをかけて負荷を高めます。挑戦心もくすぐって，「とにかく書く！」という気持ちをもたせましょう！

とにかく書かせるネタ！

〈低学年の例〉
- なりきり作文（消しゴム，雲など何かになりきって書こう！）
- ウソ日記（嘘をつくのもOK！ 大げさに日記を書いてみよう！）
- これは何でしょう（クイズ形式。何かについて3つのヒントをつくろう！）
- いつ・どこで・だれが作文（3人組で分担。合わせるとおもしろい文章に！）
- 図鑑づくり（アニメのキャラクターや先生や友達などの解説書をつくろう！）

まずは楽しく！いろいろなネタで書かせてみよう！

〈中学年の例〉
- 4コマ漫画物語（新聞などの4コマ漫画を文章にしてみよう！）
- CM作文（鉛筆やランドセルなど身近にあるものを売り手になってアピールする文をつくろう！）
- ナビ作文（家から学校までの道のりをおもしろく案内しよう！）
- 動きをコピー（一人が決められた時間おこなったことをそのまま文章に！）
- もしも…作文（もしも自分がお母さんだったら，総理大臣だったら……）

〈高学年の例〉
- 禁止ワード作文（おもしろい，楽しい，など出てきそうなワードをあらかじめ禁止ワードとして決めておく）
- 1枚の写真から（写真を見てその背景を想像したり，創作したりして物語をつくろう！）
- コミックノベライズ（週刊誌の1週分を小説にしてみよう！）
- 歴史人物自己紹介（歴史上の人物になりきって自己紹介文を書こう！）

授業力アップのポイント
- 3つの「こだわらない」で，書く気持ちを折らない指導をしよう
- 学年に応じた負荷がかけられる題材を選ぼう

書くこと

18 型にはめる！

3年目教師

課題がでても，すぐに書き始められる子となかなか始められない子がいて……。

書くのが苦手な子は，まず「型」にはめてみたらどうかな？

先輩教師

3年目教師

「型にはめる」ですか？

そうだよ。「はめる」というと誤解するかもしれないけど，ます安心してスタートを切るために「型」はとっても有効だよ。

先輩教師

ワークシートを有効活用

　配られた原稿用紙。そこにまだ文字はなく，無機質にマス目が並んでいます。ここに，今から頭に浮かんできたことを文字にして書き記していきます。それは大変高いハードルとなる子もいるでしょう。一方で，一度書き始めると顔を上げることもなく一心不乱に書き続けられる子もいます。何が違うのでしょう。

　違いの1つに「型」を身につけているかどうかが挙げられます。「はじめ・なか・おわり」「起承転結」など文章には基本となる型があります。この「型」を知っているか知らないかで大きな違いが出ます。「型」は学びの道標です。この基本となる型をインプットすることで，安心して「書く」ことができるようになります。

　指導の過程で「型」を表や図などで示し可視化することは有効です。書く目的や種類によってある程度の「型」を示すことから学習をスタートしてみましょう。

型を身につけられるワークシート例

〈例①日常作文〉

　右のワークシートは，いきなり文字を書くことに抵抗のある子にぴったり。ワークシート上部には絵を書きます。その絵についての説明を下部に文章としていきます。一番言いたいことを真ん中に書かせることで，「なか」や「山場」を意識して文を書くようになります。

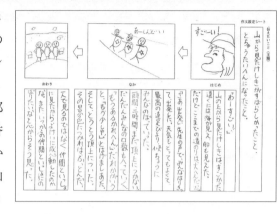

〈例②物語づくり（ファンタジー）〉

　右のワークシートを使って，ファンタジー作品の骨子を考えます。ファンタジー作品は，「現実⇒非現実⇒現実」のわかりやすい構成になっています。また世界を移るための出入り口を有し，一貫性をもってつなげる必要があります。

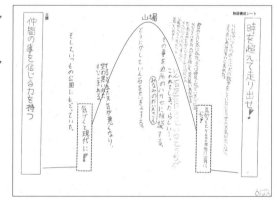

授業力アップのポイント
- ワークシートを活用して安心して書ける原稿用紙にしよう
- 学習内容に合わせた「型」を可視化して提示しよう

書くこと

19 何のために書くのかを意識して

3年目教師

とにかく書かせることや原稿用紙を工夫しましたが，まだ工夫が足りないみたいなんです。

文章はいつも誰のために書いているの？

先輩教師

3年目教師

誰のために？ いつも先生に提出して終わりという感じで……。

それでは子どもたちは飽きてしまうわよ。読んでもらう人や書く目的は意欲に直結するんだから。

先輩教師

アウトプット先を明確に！

　全国学力・学習状況調査などの結果をみても「書くこと」を苦手としている子どもは少なくありません。そこでは目的や意図に応じて，必要な内容を引用したり，いくつかの内容を関係づけたりして，自分の考えを書くことが求められています。

　これらは作文指導においても育んでいきたい力です。授業でいきなり「さあ，作文を書きましょう！」と言われても，子どもたちは意欲的に活動することなんてできません。まずは「書きたい」「伝えたい」という気持ちになれる状況までをも見越した課題設定をすることが肝要です。

　それは**相手意識，目的意識を明確にして文章を書く**ということです。「だれに，何のために書いているのか」，子どもたち自身が理解しながら，文章を書き進められるということです。

　アウトプット先を明確にして，楽しい「書く」授業を進めてみましょう！

アウトプット先を意識した課題

〈教室内に向けて〉

　一番近くの仲間がもっともいいアウトプット先です。何を見てもらっているのか。基準を明らかにします。

● 「夏休み一番の思い出を仲間に伝えよう！」

● 「批評文を書いて，自分の考えを伝え合おう！」

〈校内に向けて〉

　教室から飛び出し，少し大きな規模のアウトプット先を想定します。目的意識がより大切になります。

● 「1年生に学校のルールを場所ごとに説明する文章をつくろう！」

● 「図書館においてもらう物語をつくろう！」

〈家庭に向けて〉

　お家の誰かを意識して文章を書くことで意欲も上がります。できれば，リアクションをもらえる課題がいいですね。

● 「できるようになったことをおうちの人に伝えよう！」

● 「テストの反省文を書こう！」

> **ポイント**
> いつもの原稿用紙ばかりでなく，用紙も工夫してみよう！

〈校外に向けて〉

　地域の方やお世話になる方に文章を書くこともあるでしょう。相手意識，目的意識に加え，失礼のない正しい表現方法も身につける機会となります。

● 「お世話になったお礼の手紙を書こう！」

● 「発表会の招待状を書こう！」

授業力アップのポイント

● 相手意識（だれにむけて書いているのか），目的意識（なんのために書いているのか）が明確になる課題をつくろう

2章　国語指導　ステップアップの授業テクニック40　　69

書くこと

20 読み合いで深い学びに

3年目教師:作文を書かせたのはいいんですけど，それを振り返ったり，評価したりする時間までなかなか確保できません。

先輩教師:残念ながら，書きっぱなしになってしまうことってあるよね。

3年目教師:そうなんです。どうすればいいですか？

先輩教師:すべてを教師が評価しようなんて思わないこと。ときには，子どもたち同士の相互評価も取り入れてみようよ！

 表現を真似る

　「こんな文章を書きたい」と見通しを持って書き始め，うまく表現できているかどうかを振り返る。この過程に他者からの評価を挟むことにより，振り返りはさらに深いものとなります。実際にはその他者は，教師である場合が多いです。しかし，全ての文章に目を通し，全てを的確に評価していくことは大変なことです。授業時間に，作文用紙を持った子どもたちが先生の前で行列をなしているなんて光景もよく見かけますね。実に時間がもったいないことです。

　子どもたちの相互評価を大いに活用していきましょう。身近な仲間が書いた文章を子どもたちは進んで読み始めます。よりよく伝わる文章構成や表現，題材の選び方などを分かち合うことにもつながります。しかし，ただ「交換して読み合いましょう」では，このような効果も多くは望めません。「こんなことを学び合ってほしい！」というポイントを明らかにして，互いの作品を読み合う場を意図的に設定していくことが肝です。

読み合いの方法あれこれ

〈いいところ探し〉

　全員の作品が出揃ったところで，机上に自分の作品を置いておきます。クラス一斉に仲間の作品を読みに行きます。先生が出した課題を意識して，いいところやお気に入りの作品を見つけるのです。その後，全体で交流したり，いいところを伝えに行く時間をとりましょう。

課題例
山場のおもしろいもの。すきなセンテンス探し…

〈作品紹介〉

　2人組やグループなどで作品を読み合った後，仲間の作品を全体に紹介します。気に入った表現や工夫している表現などを中心に伝え合い，そのよさを共有しましょう。

「セールスマンになって本の売り込みをしよう！」などの課題があればさらに力が入りますね。

〈お悩み相談タイム〉

　「もっといい表現はないかな」「なにかしっくりこない」「最後のオチが思いつかない」文章を書いていくうちに，悩みにぶつかることもあります。その都度，話を聞いていたり，相談したりしていてはざわざわしてしまいます。思い切って，合間に「お悩み相談タイム」を設定します。お隣やグループの人，時には，原稿を持って教室をお散歩してクラスの仲間と相談し合う時間を確保しましょう。

授業力アップのポイント

- ●教師からの評価⇒子ども同士の相互評価
- ●学びのポイント＝評価のポイント

読むこと

21 文学作品の教材研究
―教材の価値発見―

3年目教師

国語の教材研究ってどうすればいいんですか？

教材の価値を発見することと，子どもの興味・関心を考えることを大切にしているわ。

先輩教師

3年目教師

教材の価値ってどうやって見つけるんですか？

いくつかポイントがあるのよ。

先輩教師

教材の価値の見つけ方

　教材で何を教えるか，どのような力を子どもたちにつけるかを見極めるため，教材分析では教材の価値を見出します。教材の価値は，教材を読むだけでなく，これまでに作品や作家について語られている批評文を読むことで，より深いところに気づくことができます。

○作品論
　作品を様々な角度から批評の対象として論じたもの。
　繰り返し作品を読むことから始まる。

○作家論
　作品の書き手である作家を様々な角度から批評の対象として論じたもの。
　教材理解を深め，発展学習に結びつけることができる。

○先行文献，優れた実践者から学ぶ
　先行研究を踏まえた教材研究，授業実践が掲載されており，有力な方法となる。……この3つを取り入れて教材研究に臨みましょう。

のぞき見！教材研究ノート　パート1

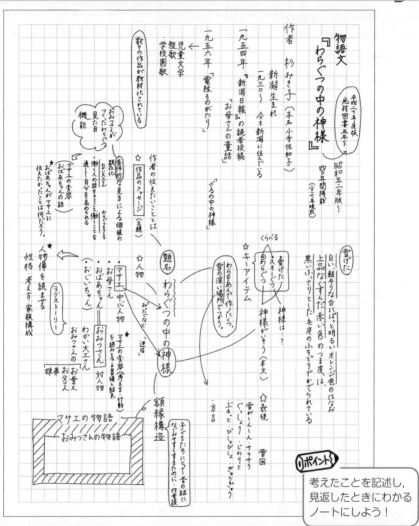

> **ポイント**
> 考えたことを記述し，見返したときにわかるノートにしよう！

授業力アップのポイント

- 作品論，作家論を読むこと，自ら研究することで作品世界を広げよう
- 先行文献，実践研究から学び，課題から新しい視点を得よう

読むこと

22 文学作品の教材研究
―授業記録―

3年目教師
「教材研究は授業をする前の準備のことですよね？」

先輩教師
「いいえ，そうとは限らないわ。」

3年目教師
「え？ そうなんですか？」

先輩教師
「授業中や授業後も教材研究になるのよ。」

教材研究は，授業前＆授業中＆授業後にも！

　教師が毎時間の授業に際して，事前に教材を研究し，子どもたちの発達段階や興味・関心に応じてその指導過程をどのようにするかを考えるのが一般的な教材研究です。しかし，これは，授業前に限ったことではありません。

　授業中，教師は考えながら指示や説明・発問などを行います。子どもの反応を見ながら，教材の価値を学習させるべき最善の言葉を発しようとしますが，そこにはうまくいかないこと，もっとこうすればよかったという点が必ず出てきます。それらを授業中，または授業後の反省として，記録していきます。この行為も教材研究となるのです。

　授業力の向上は，授業前，授業後に関わらず，授業づくりを通して様々な経験を重ね，絶えず学び，前進していくことで実現されるものでしょう。単元を通して事前に授業準備をしたことが，授業をする度に何重にも修正され，教師の腕も，子どもの学習意欲も上がる授業を目指しましょう。

のぞき見！教材研究ノート　パート２

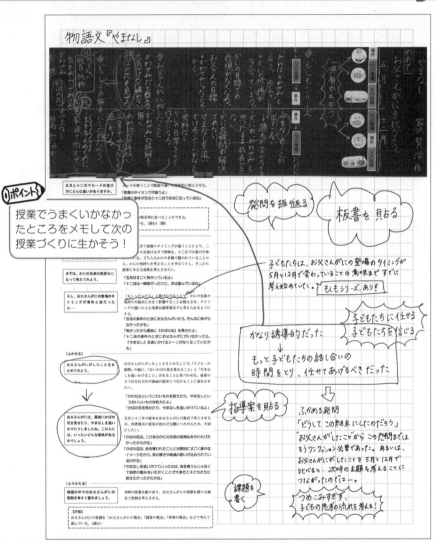

授業力アップのポイント

● 教材研究は，授業前，授業中，授業後にもしよう

読むこと

23 説明文教材で意識すべき3つの視点

説明文教材で何を意識すればいいかわからなくって。

3年目教師

考えたらいっぱいあるものね。

先輩教師

でもね，大きく3つに絞ることができるのよ。

先輩教師

え！ 3つならわかりやすそう！

3年目教師

◆説明文教材の教材研究で意識すべき点とは

　説明文教材で，説明文として「書かれていることを学んで終わり」になっていませんか。それでは国語科の学習にはなりません。子どもたちは説明文を読んでいく中で理解したことや考えたことが，筆者の表現の特質とどのようにつながっていくのかを考えることによって，「書く力」を育てることにもなります。

説明文教材で意識すべき3つの視点

①内容的価値は何か。

②表現の特質は何か。

③「書く」にどうつなげるか。

　説明文教材で意識すべき視点は上記の3つです。教材研究の際，①〜③にこだわって教材研究をすることが，子どもの学習の質を向上させ，言葉の力を身につけることのできる説明文学習ができるでしょう。

説明文の教材研究　3つの視点

①内容的価値とは何か

　作家が表現にこだわり，読者に訴えかけたものであり，読者にとって新しく得る知識，感動，これらが内容的価値となります。このようなそれぞれの説明文教材の内容的価値をきちんと教師が理解しておく必要があります。

初発の感想が生かせそう！

②表現の特質とは何か

　表現の特質とは，筆者が主張を伝えるためにこだわった，その作品ならではの表現のことです。表現の特質によって内容的価値を味わうことができます。表現の特質はそれぞれの段落の役割や，つながりを意識することで子どもたちは理解し，改めて筆者の伝えたいことを読み取ることができます。

　筆者が自分の伝えたいことをより読者に伝えるためにしている工夫はたくさんあります。「ナンバリング」「問いと答えの関係」など，各教材で学んでいくことで，次の説明文教材に出会ったときに，これらを意識して読み進めていくことができます。

説明文の書き方を学ぶことにつながる！

③「書く」にどうつなげるか

　読者として感じたこと，学んだことが，読者を意識した書く活動につながります。内容的価値と表現の特質を書く活動に結びつけ，「何を伝えるために」「どう書くのか」を意識できる課題を設定しましょう。

授業力アップのポイント

- 3つの視点を生かして書く力を高める教材研究をしよう
- 説明文学習は書く活動につなげる課題を設定しよう

読むこと

24 説明文は「書く」ことにつなげる丁寧な指導を

3年目教師：表現の特質を理解して授業をすることが大切なんですね。

先輩教師：そうよ。発達段階を考えてね。

3年目教師：発達段階ですか？

先輩教師：系統的に学ぶことと，楽しく学べる工夫をすることは大切よ！

 表現の特質をどのように教えるか

　読者として，自分の理解につながることになった表現の特質を押さえていくことで，説明文を書くときにも学んだ表現の特質を使おうという意識が芽生えます。

　教材研究の段階で，各発達段階において何を学ばせるかを指導要領で確認し，教材の表現の特質と子どもの実態を合わせて，よりよい書く活動へとつなげていきましょう。下記は，学習指導要領にある，構成を理解する各段階の目標です。学習する説明文の構成を子どもたちと考え，それぞれの目標を達成できる書く活動を取り入れましょう。

「書くこと」における構成の学習段階（一部抜粋）
○低学年―自分の考えが明確になるように，簡単な組み立てを考える ○中学年―自分の考えが明確になるように，段落相互の関係を考える ○高学年―自分の考えを明確に表現するため，文章全体の組み立ての効果を考える

「生き物は円柱形」で論理展開を学ぶ

「生き物は円柱形」では，「自分の意見を伝える文章を書く」ことにつなげられます。ただ単にだらだらと自分の思いを伝えても，読む方はすっきりしません。意外性や，例などをうまく組み合わせることで読者を納得させられる効果を読み手として学んでいると，自分の主張と段落同士の役割やつながりを意識して，組み立ての効果を考えて文章を書くことができるでしょう。

付箋を使ってまず伝えたい内容をはっきりとさせてから，段落同士のつながりを整理してから書くこともできます。

「ありの行列」で段落を学ぶ

「ありの行列」の学習では，「段落（意味のまとまり）を使って書く」「問いと答えの関係で段落をつなげて書く」ことにつなげられます。接続詞を使うことでつながりをより理解しやすくすることができます。

段落のあるよさを子どもたちが実感すると，自分たちでもある程度意味のまとまった文章のかたまりをつくろうとします。

ポイント
全ての学習は積み重ね！

これらは「読んで終わり」では身につかない力です。最後までやりきることによって，「読む」ことと「書く」ことがつながります。読み手を意識した説明文を書くことができるようになるでしょう。

授業力アップのポイント

- 表現の特質を読み取りで学び，書く活動へつなげよう
- 読者として理解できたことを「書く」ときに生かそう

ノート指導

25 きれいにスッキリノートが書ける3つのコツ

3年目教師

きれいにノートを書けない子がいるんです……。

きれいにスッキリ書けるには，3つのコツがあるんだよ。

先輩教師

3年目教師

3つのコツですか⁉

そう！　3つのコツだよ。ただすぐにきれいにスッキリ書ける子もいれば，長い時間かかる子もいるからね。

先輩教師

 丁寧・具体的な指導で誰でも書けるようになる

　4月，新しいノートが配られたとき，どの子もノートをきれいに使おうと思うものです。しかし1ヶ月も経つと，マスを無視して書いていたり，めあてを書いていなかったりと後でノートを見直したときに何が書いているかよくわからない状態になっている子がいます。

　このような状態に陥るのは，ノートを書くときの声かけやルールづくりがきちんと行われていないことが要因です。また，ノートにきれいに字を書く，考えをまとめるための技を子どもたちが知らないことも関係がありそうです。

　4月の授業開きのときから，子どもたちが学習の蓄積をしっかりとノートに残していけるようにノート指導を徹底しましょう。まずは，クラス全員の子どもたちがスッキリきれいにノートを書けるようになるコツを紹介します。

きれいにスッキリ書けるノート指導のコツ

① 「ノートを書くときの共通ルールをつくる」

1年間ノートを書くためのルールをつくります。

・1マス1文字
・まっすぐな線は定規を使う。
・日付とめあてを必ず書く。
・丁寧にすばやく書く。

ルールを守れている子をほめて伸ばそう！

ルールはすぐに定着するものではありません。「ルールがすぐに定着したら儲けもの」といった気持ちでいましょう。4月は毎時間のようにルールを確認しながら，時間をかけて取り組みます。ノートを集め，コメントを書いたり，学級通信や授業の最初にルール通りに書けている子のノートを紹介することも有効です。

② 「子どもが使うノートに実際に書いてみる」

ノートが縦マス16文字であれば，板書も1行16文字で書くといった「板書＝ノート」にすると，子どもたちは板書の内容をノートに書きやすくなります。文字抜けや行とばしをする子が減ります。

③ 「ノートを書く時間を確保し，わかりやすく指示をする」

板書をノートに写させる場合，どのタイミングで書けばいいのかがわかるように指示を出し，書くための時間を確保しましょう。話し合うときはノートに写させずに，聞くこと・話すことに集中させる声かけをします。そこで話し合いの後に，ノートを書く時間（5分くらい）を確保します。ノートを書く時間がないのに，書きなさいと先生に言われてしまっては「きれいに・スッキリ書こう」とする意識が薄れてしまいます。

授業力アップのポイント

● ノートを書く共通ルールをつくろう
● 子どもが使うノートに実際に書いてみよう
● ノートを書く時間を確保し，わかりやすく指示をしよう

ノート指導

26 ノートに自分の考えを書けるようになる魔法の言葉

3年目教師

ノートを全然書けない子がいるんです。

全く書いていないの？

先輩教師

3年目教師

はい……

ノートが書けるようになる魔法の言葉があるのよ。

先輩教師

自分の考えを書けなくなるNGワード

「ごんはどのような気持ちだったのかノートに書きましょう」と発問したとき，時間が経っても何もノートに書き出せない子はいませんか。そんな子どもを見つけたとき，教師はどのような行動をとるでしょうか。

「なんでもいいから書いてごらん」と伝えたことはないでしょうか。書くためのハードルを下げる声かけのつもりが，結局は何も書くことができずに白紙のまま，1人で考える時間を終えてしまう子がいます。それは，「書いて間違えていたらどうしよう」「何を書いたらいいの？」などの不安な気持ちが子どもたちの中にあるからです。そんな不安を感じている子にとって，「何でもいいから」は，余計に混乱を引き起こす言葉となってしまいます。

支援を求めている子ほど，具体的に伝えてあげるべきです。書式を提示したり，書き出しを教えたり，つい書きたくなるような声かけをしたりするなど，子どもに応じてやり方は様々です。学級の合言葉として，次のようなことをいつも伝えておくと，安心して書ける子が増えるのです。

82

自分の考えを書けるようになる魔法の言葉

「自分の心の中に思ったことはなんでも書きます」

「自分が心の中で思ったことはなんでも書く」ということを学級の合言葉にしておきます。子どもの求める完璧な考えよりも，そこに至る思考過程が重要であり，この言葉はそれらを書き表すための魔法の言葉なのです。

> **ポイント**
> 普段からつぶやきをノートに書ける子に育てよう！

初めて取り組むときには，次のように伝えます。

「もし，なんで？と思ったら，ノートに『なんで？』と書きます。わからない，と思ったら，『わからない』と書きます」

子どもたちからは「国語と関係ないことを思いついたらどうするの？」という質問が必ず出てきます。教師の本心としては，国語に関係することを書いて欲しいところですが，その気持ちをグッと我慢し，「それでも構いません」と伝えます。最初は関係ないことを書いている子も回数を重ねることで，国語以外のことは書かなくなります。さらに，

「今から実際に書いてみましょう。見開き1ページ以上必ず書きます」

と伝えます。量の多さに，「え～」と言う子がいることでしょう。しかし，初めは質より量が大切です。書くことに慣れることを最優先に考えます。もし書くことに困ったときは，そのときに思ったことを書かせればよいのです。そのうち，書きながら自分の考えをまとめていくことができるようになります。

> **ポイント**
> 考えに完璧を求めず，思いを表現する子をほめよう！

授業力アップのポイント

- 自分の思いはなんでも書いてもよいということを学級全体で共有しておこう
- 質より量を大切にする声かけで安心感を与えよう

2章　国語指導　ステップアップの授業テクニック40　83

指導技術編

領域別編

活動編

ノート指導

27 ワークシートとノートの共存で学習の蓄積を効果的に

3年目教師: 子どものノートが真っ白なんです。

先輩教師: え？ 黒板をノートに写させたりしていないの？

3年目教師: ワークシートばかり使っているんです。

先輩教師: ノートとワークシートの共存ができていないみたいね。

 ワークシートとノートのメリット・デメリットを把握しよう

　ノートやワークシートは学習を蓄積していくために使うものです。では，これら2つにはどのような違いがあるのでしょうか。
　それぞれのメリットとデメリットを考えてみましょう。

ワークシートのメリット	ノートのメリット
・1時間の流れや活動内容がわかりやすい ・図や表を書くことが苦手な子でも穴埋め式など工夫をすれば図や表を完成させることができる ・低学年でも取り組みやすい	・自分で考えたことを自由に記録でき，自分なりのまとめ方ができる ・整理して綴じなくてもよい ・1年間の学びが蓄積できる

ワークシートのデメリット	ノートのデメリット
・使い続ければ自分で考えをまとめる機会を失う ・創造力が育たない	・書くのに時間がかかる

メリット・デメリットを考えた学習の蓄積

2つを比べてみると,どちらにもメリットとデメリットが存在します。発達段階や学習内容に目的に応じて,ワークシートとノートのどちらが適しているかを教師が判断することで,よりよい学習の蓄積の方法となります。重要なことは,「いつもワークシートを使う」「ノートを使わなければならない」といった偏った考えを捨てることです。

きれいにスッキリ書けるノートに書くためには,p.81で紹介した3つのコツ以外に,もう1つコツがあります。それは,「ノートを書く経験を積む」ということです。

ノートを書く経験を積むことで身につく力

低学年では,ノートを書くことに長い時間がかかってしまいます。しかし,ノートに書く経験を積めば,徐々に書く時間は短くなります。さらに,言葉を記録する回数が増えるため,語彙が増え,語句の書き間違いも減っていきます。

ノートを書くことを積み重ねた高学年は,学んだことを自分なりにまとめる力がつき,オリジナルノートを作れるようになります。ノートに自分の考えを書くことが主体性を引き出す手立ての1つとなります。

ノートを書くことで情報の整理の仕方やまとめ方も身につく!

授業力アップのポイント
- 学習内容や目的に応じて,ワークシートを使用するのか,ノートを使用するのかを考えよう
- ノートを書く経験を積み上げよう

ノート指導

28 考えがグーンと深まる オリジナルノート作成法

3年目教師

子どもたちのノートがみんないっしょのノートなのが気になっているんです。

じゃあレベルアップさせてみよう！

先輩教師

3年目教師

え？ どうやってですか？

これまでのノート指導に＋αで大丈夫！

先輩教師

オリジナルノートを作ろう

「ノートはきれいに書く」という意識をもたせ，マス目に合わせてノートを使用させることでスキルアップをしてきました。ここまでで十分合格点なのですが，より上を目指す「オリジナルノート」という方法があります。オリジナルノートとは，子ども一人ひとりの考えたことや気づいたことを自由に記した自分だけのノートです。オリジナルノートを作ることを目指してみませんか。

86

オリジナルノートを作るための例

〈例1　Xチャートを使い，物語の設定について分類・整理する〉

　右のノートは物語の設定について考えているときのノートです。国語のノートといえば，縦書きのイメージですが，よく見てみると横書きに書かれています。縦書きで書くよりも，横書きで書くほうが見やすくなります。このXチャートは，p.46の構造的板書と関連づけています。

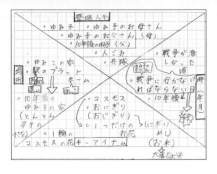

〈例2　イラストで可視化〉

　右の写真をよく見てみると，イラストが描かれています。このイラストは教師が指示したものではなく，子どもが自分で考えて描いたものでした。授業と関係のないイラストであれば，必要ないものです。しかし，教師の話を聞き，文章の内容から想像して描いたものであれば，学習を深めるオリジナルノートになります。

〈例3　マスの無視・横書き・線で結ぶこともオッケー〉

　マスを無視して書いたり，横書きで書いたり，考えと考えを線で結んだりすることもOKです。板書を全てノートに写すよりも，板書に書かれたことや友達の考えの中から取捨選択して書くように伝えるほうが，子どもは深く考えます。

授業力アップのポイント

●マス目を無視してみよう
●思考ツールをノートに取り入れてみよう
●矢印や絵で表そう

音読指導

29 音読のよさを子どもが実感できるおすすめ読み方パターン

3年目教師: 子どもの頃から音読が苦手なんです。

先輩教師: それはなぜ？

3年目教師: どうして音読しないといけないのかわからなくて……。

先輩教師: 音読のよさがあるからよ。

◆ 音読のよさ

クラスの子どもたちは音読が好きですか？　音読をすることが国語の授業の中で「義務」になってしまっていては，子どもたちが音読を面倒と思ったり，学習の意味を感じないものになってしまいます。では，どうして音読をするのでしょうか。音読には，次のようなよさがあるからです。

- ・文章をスラスラ読めるようになる
- ・クラスに一体感が生まれる
- ・読解力が高まる　　　　　　・読書につながる
- ・語彙力が高まる　　　　　　・表現力が高まる
- ・記憶力が高まる　　　　　　・発音がよくなる

これらを子どもたちが実感したとき，「義務」ではなく，音読に意義を見出し，楽しんで音読をするようになります。まずは少しでも子どもたちが音読のよさを実感し，笑顔になれる読み方のパターンをいくつか紹介します。

音読のよさを実感させ，笑顔になれる音読の仕方

①東西南北読み

　1回目は前を向いた状態で読み，2回目は右に向いて，3回目はさらに右を向いてと，1周したら座る。向きを変えたり，場所を変えたりすることで，子どもたちは楽しんで音読をする。

②円陣読み

　円陣をつくり，読む。円の中央で声がハモり，協働して何かをつくっている快感を味わうことができる。

③たけのこ読み

　自分が読みたい文に3箇所印をつけ，自分が印をつけた文にきたら，立って読む。一度も途切れることなく，全文読むことができたら成功。

④段落リレー読み

　1人1段落担当を決め，リレーして読む。

⑤ペア読み，グループ読み

　2人1組，グループをつくり，丸読みを行う。

⑥速読み

　できるだけ速く読む。文脈をつかむことができる。また句読点で息継ぎする大切さがわかる。

⑦遅読み

　速読みの反対。

⑧プレッシャー読み

　説明文で使用できる技。噛まずに間違えずにどこまで音読をすることができるのかを友達と競う。一度でも噛んだり，間違えたらアウト。

ゲーム感覚で音読を楽しむことから始めよう！

授業力アップのポイント

- 音読を通してよさを実感させよう
- 音読の仕方を工夫することで楽しい学習にしよう

音読指導

30 家でも楽しくできる音読の宿題アレンジ

3年目教師

毎日の宿題で音読を出しているんですけど、マンネリ化してきたんですよね。

そうだね。お家でも楽しく取り組んでほしいよね。

先輩教師

3年目教師

そうなんですよね。どんなことに気をつければいいですか？

「ただやらされている」にならないように、子どもたち自身、保護者がその意義をしっかり感じてもらえるといいよね。

先輩教師

 脱マンネリ化！　脱やらされ感！

「え～、音読の宿題って、今日もあるの？」

そんな子どもの声を聞いたことはありませんか。がっかりしてしまいますね。このようなことを言ってしまうのは、次の2つの原因があります。

1つ目は「音読を頑張った感が見えない」ということです。漢字ドリル、国語プリント、自主学習ノートなどの宿題は、やったらやった分だけ目に見える成果が残ります。しかし、音読は音読しただけでは、頑張った感が見えません。

2つ目は「必要感を感じられない」ということです。低学年では数ページのお話も学年が上がるにつれてページ数が増えてきます。10ページ以上のお話もあります。「何ページもある音読を何回もしないといけない。めんどくさい」「同じ文を毎日何度も読むから飽きた」「テストに関係ないし」そんな声が子どもたちから聞こえてきます。そして、いつの頃からか、マンネリに陥り、やらされ感が漂い始めます。さぁ、ここから脱出してみませんか？

音読の宿題に達成感をプラスする方法

〈例①オリジナル音読カードをつくる〉

　音読カードは多くの学校で使用されています。その中には，姿勢，口の形，間，読む速さ，声の大きさなどの音読ポイントが示されています。それらの中から，自分で３つ程度に絞ります。選択することでより意識して取り組めるようになります。また目標を書いてから，取り組み，振り返りをすることで音読の自己評価をすることもできます。オリジナルマークを決めるだけでも楽しくなりますね。お家の方にも協力をお願いしましょう！

〈例②音読している様子をタブレット端末で撮影〉

　自分の音読をしている様子を実際に見ることで改善点が見えてきます。改善点が見えることで，子どもたちはそれらをクリアしようと楽しく音読することができます。家庭にタブレット端末がない場合は，学校で映像を撮ってあげて見せることでも同様の効果が得られます。

〈例③読む箇所，内容を選択する〉

　いつも決められた箇所の音読ばかりではやっぱりマンネリ化は否めません。物語の中でも，何場面を読むのか選択したり，関連図書を示して選択させたりします。自分で選択することでより意欲的に読めるようになるでしょう。

〈例④アウトプット先をつくる〉

　「明日の授業で，ここを何班の人に読んでもらいますね」「２週間後に音読発表会をします」など，ちょっとしたことで，音読することに意味が付加され，必要感が生まれます。

授業力アップのポイント

- ●音読カードや音読の仕方にひと工夫しよう
- ●音読の宿題の目的をつくろう

指導技術編

領域別編

活動編

2章　国語指導　ステップアップの授業テクニック40　　91

音読指導

31 音読で高める読解力と表現力

3年目教師

教えてもらった音読のよさに読解力が高まるとあったのですが,どうすれば読解力が高まるんですか？

音読をさせるときに,ただ読ませるのではなく,よく考えてから音読をするようにするのよ。

先輩教師

3年目教師

いつも授業のはじめに音読をするだけで終わっていました。

音読を文章を読み解くための手立てにして,何度も読むと音読が変わってくるわよ。

先輩教師

読解力と表現力を音読でのばそう

「今日は,運動会。しかし,朝から雨です」
この文を音読するとなったとき,みなさんはどのように音読しますか。
「運動会といえば楽しいもの。でも雨だから,がっかりしているのでは？」と考え,この文をがっかりした感じが伝わるように読んだり,表情をつけたりしませんか。しっかり文を読んで考えなければ,このように音読を工夫することはできません。

音読をするときに,「登場人物の気持ちはどんな気持ちだろう」「このときの情景は」と問うと,ただ文字を追うだけでなく,一人ひとりのイメージを含んだ音読に変わります。思いを音読で表現するには,間の取り方や抑揚を意識するなど高度な音読の技能が必要ですが,読み手の中に広がったイメージを言語化することはそう難しいことではありません。音読を目的にするのではなく,教材を読み解くための手段にして,読解力と表現力を高めましょう！

読解力と表現力を高める音読にするために

①発問→音読　音読→発問　を繰り返す

　何のために音読をするのかを明らかにする発問をしてから，音読をさせます。

〈例〉

発問「ごんを撃ったときの兵十はどんな気持ちだったのか，考えながら音読
　　　しましょう」

→音読を１人ずつさせる

→「どんな気持ちで台詞のところを読みましたか」

→理由を発表させる（悲しい気持ちだったと思います。なぜなら……）

　子どもたちは，発問を聞いて，どのように音読するかを考えます。すると，登場人物の行動や気持ちを考え，それが音読に表れるよう努力をします。音読で表現させると，音読の仕方は様々です。どのような気持ちで音読をしたのか，聞かずとも伝わってくる子もいると思いますが，みんながそうではありません。だからこそ，自分がどうしてそのように音読したのか，理由を聞いて言語化することが大切です。音読をすることで一人ひとりに自分の考えをもたせるとともに，友達の音読や意見を聞いて，文章を深く読み解こうとする子，友達の表現の仕方を自分に生かそうとする子どもが育ちます。

②単元の最初と最後の音読の様子を比較し，音読の上達を実感する

　タブレット PC などを使い，初発の感想ならぬ初発の音読の様子を録画しておきます。また，単元を終えた後の最後の音読の様子も録画します。それらの様子を比較するので，文を読み解き変化をしている様子を子ども自身が実感し，達成感を感じることができるでしょう。

授業力アップのポイント

●発問と音読を繰り返そう
●音読の上達を客観視することで，学習の積み上げを実感させよう

2章　国語指導　ステップアップの授業テクニック40

音読指導

32 楽しい音読から考える音読へレベルアップ

3年目教師
子どもたちが楽しんで音読をするようになりました！

とてもいいことね。じゃあ，さらにレベルアップをさせましょう！

先輩教師

3年目教師
え!?　レベルアップですか！

そうよ。文章と対話していくことで，より考える音読になっていくわ。

先輩教師

 文章と対話すること

　映画やドラマを見ていると，あっと驚く映像や思わぬ人物が事件解決の鍵を握っていたりして，思わず「え，どうして？」や「まさか…」などと呟いたことはありませんか。人は何かを見たり聞いたりしているとき，作品と対話し，自然と自分の頭の中で**情景を想像したり続きを創造したり**しているものです。それらと実際のお話との間にズレが起きると，思考が揺さぶられます。

　これは，子どもが教材文と出会うときにも起こることです。子どもは文章と対話しながら様々なことを考えます。しかし，初発の感想を書くために範読を聞いているとき，ほとんどの子は静かに聞いています。話は静かに聞かないといけないというきまりをしっかりと守っているのですね。きちんときまりを守る一方で，対話したことや思考のズレがリアルタイムに共有されることはありません。対話したことを表すことで思考のズレを明らかにして，物語や説明文を深く読むことにつなげていきましょう。楽しい音読から文章と対話することを通して考える音読へとレベルアップさせましょう。

考える音読へ「ツッコミ」でレベルアップ

　文章と対話している様子を学級全体で感じられるように，文章に対して「ツッコミ」を入れる音読に挑戦してみましょう。

〈ステップ1　一人漫才に挑戦〉

　文章を音読しながら，思ったことを口に出していきます。ツッコミには次のような言葉を使わせます。

恥ずかしがらずに言える雰囲気をつくろう！

　　驚き　……「え!?」
　　共感　……「うんうん」「なるほど」「たしかに」
　　反論　……「なんでやねん！」「そうは思わないなぁ」
　　疑問　……「どういうこと？」「よくわからない」
　　悲しみ……「え〜」

　丸読みで行うと，一人ひとりの感じ方がわかり，盛り上がります。

〈ステップ2　ツッコミを交流する〉

　物語なら場面ごと，説明文なら段落ごとにツッコミが多かった箇所や，上の5つの種類で多かったものなどを交流します。ツッコミをしている文が集中していれば，その文を深く読む必要性が出てきます。共感や反論が同じところにあれば，議論する必要性

どうしてこのツッコミをしたの？と理由を聞いて，読みを深めよう！

も出てきます。ツッコミを交流することは，文章全体の大事な部分に焦点化するための手立てになるとともに，深い読みへと子どもたちを誘ってくれるでしょう。

授業力アップのポイント
- 音読し，素直に思ったことをツッコミとして表現していこう
- みんなのツッコミを交流して大切な文に気づかせよう

漢字指導

33 漢字辞典活用でパターン化にひと工夫！

3年目教師：新出漢字の学習。いつもワンパターンで飽きてきたのか，だら～っとした雰囲気なんですよね。

先輩教師：そうなりがちだよね。でもパターン化すること自体は悪いことじゃないよ。ちょっとひと工夫してみたら？

3年目教師：ひと工夫？

先輩教師：そう。ワンパターンの中にいくつかの仕掛けを仕込んでおくんだよ。例えば，漢字辞典！　これひとつでいろいろ工夫できるよ！

漢字辞典はもういらない？

　ひと昔前に比べると，漢字辞典の発行部数は激減しているそうです。いまや電子辞書やアプリなどどんどん新しいものがとって代わっていることも一つの原因です。また，漢字を調べるだけならば，国語辞典でも十分に役割を果たします。では，漢字辞典はもういらないのでしょうか？いえ，そうは思いません。確かに，読み方や意味を知るためだけならば必要ないのかもしれません。しかし，漢字の部首や成り立ちや意味などを調べることで，これまで学んだ漢字と比較することができます。構造により分類することもできます。このような漢字を通じての学び（ラーニング）の楽しさをつくり上げるために漢字辞典は寄与します。

　「読み方調べ⇒空書き（書き順・画数）⇒部首調べ⇒熟語集め⇒短文づくり」といった漢字学習のパターンの中に，漢字辞典をうまく組み入れて，楽しい時間を創出してみましょう。

「漢字辞典」で展開の幅を広げる

①成果を感じさせる！

読み方や熟語などで調べた漢字に付箋をつけたり，マーカーで線を引いたりします。付箋は「辞書引き学習」（深谷圭助氏）としても提唱されている方法です。調べた漢字に付箋や線をしていきます。これまで調べた数を目で実感することができます。成果を可視化して学びの足跡を記すことで，次のやる気にもつながることでしょう。

> **ポイント**
> 競争心もくすぐろう！

②漢字のおもしろさを感じさせる！

おもしろいと感じるポイントは人ぞれぞれです。小学生用の漢字辞書には，そのポイントとなる情報がたくさん掲載されています。漢字の成り立ちや意味はもちろん，漢字にまつわるミニ情報や故事成語など，辞書によって異なります。自分に合う漢字辞典を持たせるのもいいですね。

③つながりを感じさせる！

漢字辞典は部首ごとに配列されています。同じ部首の漢字をたくさん集める競争をいつものパターンの中に入れると盛り上がります。たくさんの漢字が形だけでなく，意味においてもつながっていること（例「肝」「肺」「胃」）を知ることができるでしょう。

また，熟語集めをしていると熟語間で意味のつながり（例「演芸」「主演」「演技」など）を発見することができます。一定の意味のつながりのあるものごとに分類させるのもいいですね。

授業力アップのポイント

● 漢字辞典をつかって，「成果」「おもしろさ」「つながり」を感じさせることで，ワンパーンを脱出しよう

2章 国語指導 ステップアップの授業テクニック40

漢字指導

34 漢字学習で笑顔広がる!?

3年目教師

「漢字の時間だよ」と言うと子どもたちの顔ががっかりするんですよね。

低学年のうちは喜んでやっているのにね。

先輩教師

3年目教師

そうなんですよ。でも必ずやらなくっちゃいけないし……。毎日終われている感じなんです……。

先生のその気持ちは子どもにうつっちゃうよ。まずは先生が楽しい漢字学習の時間をつくる努力をしてみよう！

先輩教師

こうでなくてはならないは捨てよう！

　新任の頃，指導教諭からの教えや先輩先生の漢字指導の姿を見ておこなってきた漢字指導。「漢字指導とはこうあるべき」と思い込んではいないでしょうか。もしクラスでの漢字学習の時間がどんよりとしているならば，まずはそこから少し離れてみることからスタートしてみませんか。

　パターン通りに必ずしなくてはならない？
　一人で黙々と学習しなくてはならない？
　覚えるためには何度も何度も書かないといけない？
　学校で必ず時間をとらなくてはいけない？
　教師が必ず教えなくてはならない？

　今まで「あたりまえ」だと思っていたことを少し考えてみましょう。ひょっとしたら，その「あたりまえ」のせいで，漢字学習をつまらないものにしているかもしれません。

「おもしろさ」を柱に据えた新出漢字の学習

〈例　授業の流れ〉

①新出漢字を示す。読み方と書き順を伝える。

②日替わりいろいろ空書き。

まずは楽しく！　身体活動も大いに取り入れて！

・英語や中国語で言いながら書いてみよう！（イー！アル！サン！スー！）
・速さを変えて書いてみよう！（超スローもおもしろい）
・お尻やおへそで書いてみよう！（特に跳ねるところで大笑い！）
・歌に合わせて書いてみよう！（踊りながらも盛り上がる）
・リレー形式（交代で１画ずつ書き順通りに書いていく。勝負となるとさらに夢中に！）
・○○風に！（ダンサー風に，指揮者風に，侍風に……）

③熟語集めをしよう！

いつもただ集めるだけではおもしろくありません。時には，変化を加えてみましょう。紙に３つの熟語を書きます。それを持ってウロウロ。友達と見せ合いっこします。３つ揃ったらバンザイ，２つならハイタッチ，１つなら握手，０なら泣き真似などと決めておきます。自然とたくさんの熟語に出合うことでしょう。

達成感を味わわせよう！

④文づくりをしよう！

「グループごとに，先生を主語にして文づくりをしてみよう！」

できたらみんなで投票です。一番おもしろかったグループがその日のチャンピオンです。

授業力アップのポイント

●既成概念を捨てよう
●仲間とつながってわいわいと楽しもう
●ゲーム化することでさらに楽しさを感じさせよう

2章　国語指導　ステップアップの授業テクニック40　　99

漢字指導

テストで結果を出して自信をつける！

3年目教師

いつも一生懸命漢字ノートを書いている子がいるんですけど，テストになるといつもダメなんですよね……。

いるよね。なんとかしてあげたいよね。

先輩教師

3年目教師

そうなんです。その頑張りに応えてあげたいんです！

結果が出ることで，自信がつくし，次へのやる気につながるからね。でも，結果を見る方法ってそれだけではないんじゃないかな。

先輩教師

過程 ＜ 結果？

　私たち教師がよく言うことで「結果より過程が大切だぞ」という言葉があります。しかし，子どもにとってみれば，いくら過程で漢字の学習を頑張っていたとしても，テストなどの結果が散々では，意欲的になれないのは当然です。しっかり結果を残してあげることも私たちの大切な使命です。

　では，結果を残すとはどうすればいいのでしょう。最も身近な方法は，テストで結果を出すことです。もちろん常に，みんながテストで100点ばかりとれれば言うことはありません。しかし10問の漢字テストですらなかなか結果の出ない子どももいます。

　この結果というものをもっと大きな幅で捉えてみましょう。

・点数でみる
・美しさでみる
・数でみる

いろいろな方法で結果を見てあげられるといいですね。

結果を見る方法あれこれ

①やっぱり100点！

　学期末に実施する50問テスト。不定期に実施する10問テスト。頑張っているのに結果が出ない→やる気を失う→さらに点数が取れない。悪循環ですね。そこで，テストを5問，いや2問でもいいです。思い切って減らしてみましょう。満点の取れるテストを繰り返し，結果を出します。子どもにとって100点はやっぱりうれしいもの！　たくさん100点を取れるようにしてあげましょう。

みんな100点で，喜びを分かち合います！

②いろんな100点!?

　正しく書けたかどうかのみを点数化するのではなく，こんな漢字テストはどうでしょう？
・美しさのみが点数化（答えも聞けば教えてもらえる）
・数が点数化（熟語を集めた数，読み方の数，一文にいくつその漢字を入れられるか）
・短文づくりのおもしろさを点数化（ダジャレになっている。五七五になっている。などの課題を出すのも可）

③100点の取り方講座

　いつも100点ばかりの子も，逆に飽きがきます。そんな子どもたちに，100点取り方講座を開いてもらいましょう。家でどのような方法で勉強しているのか。直前に心がけていること，覚え方，見直し方……。など，学級通信に載せるのもよいでしょう。

授業力アップのポイント

●子どもたちは「結果」が一番。子どもたちの「結果」に結びつく過程を準備してあげることも教師の務め

漢字指導

36 評価で持続力アップ！

3年目教師
漢字をしっかり身につけるには黙々と1人で努力するしかないですよね。

そんなことないよ。漢字だって，1人じゃつまらないし，やる気も続かないよ。

先輩教師

3年目教師
え？ 1人じゃない漢字学習の方法ってあるんですか。

もちろん！ 仲間とのかかわり，教師とのかかわり。保護者だって巻き込んでしまおう！

先輩教師

他者の力を借りて苦行→楽しい活動に！

　漢字の学習といえば，1つの文字をノートに1行ずつ黙々と書き続ける。そのようなイメージをもってはいないでしょうか。もう覚えている漢字も含め，一律に一行ずつ書くことは苦行に近いものがあります。しかし，覚えるためにたくさん書くことが必要なときもあります。また，意味を調べたり，熟語を集めたり，用法を考えたりと努力しなくてはいけない場面もあります。その努力は，漢字が苦手な子どもほど続きません。そこで，「1人で黙々」のイメージを振り払って，**だれかと一緒に頑張る漢字学習**へと考え方を転換することで，努力を続けられる漢字学習にしてみましょう。

　子どもたちの周りには，仲間がいます。保護者もいます。もちろん先生もいます！　そういった他者の力を子どもたちがうまく借りられる場面を組み込んでいけるかも教師の腕の見せどころです！

一緒に頑張れる漢字学習のコツ

①仲間と一緒に！
- 丸つけを2人でする。
- 隣同士やグループで熟語集めをする（「制限時間内にいくつ集められるか」とするとより盛り上がる）。
- 交代で先生役をする（日直などが「今日の先生」として登場！）。
- 漢字テストをグループで行う（問題を出す役を交代でおこなう）。

ワイワイと楽しい漢字学習に！

②先生と一緒に！
　先生からの評価は子どもたちにとって，とても大きな力です。しかし，毎日40人全ての子ども一人ひとりに時間をとることは不可能です。
- 漢字ノートチェックのときに一言コメントを入れる。
- 頑張りシールなどを貼る。
- 美しいノートを紹介する，学級通信などに掲載する。

など効率よく評価していけるといいですね。先生は見てくれているということが伝わることが大切です。

③保護者と一緒に！
　漢字学習の大半は家庭学習でということになります。近くで見てくれている保護者の力も大いに借ります。一言コメントをもらう，ミニテストを家でしてもらう……。
　学校からどんどん働きかけてみましょう。

授業力アップのポイント

● 仲間，先生，お家の人と一緒に頑張る漢字学習で，学習への意欲を持続させよう

読書指導

ブックトークで話す力アップ！

3年目教師:　読書量と読解力が同時に伸ばせる方法はありますか？

先輩教師:　それなら，ブックトークがいいかもしれないわ。

3年目教師:　ブックトークって？

先輩教師:　あるテーマにそって関連する本を数冊紹介する活動よ。

国語の時間とつなげて

　ブックトークとは，数冊の本を，あるテーマに沿って紹介する活動です。教師から子どもへ行う場合と，子ども同士で行う場合があります。国語の授業で学んだことを活かしてブックトークをすると，多読を促せるのでおすすめです。

　例えば，光村図書一年「くじらぐも」を学習すると，「中川李枝子さんの作品」や「ファンタジー作品」というテーマでブックトークができます。東京書籍五年の「注文の多い料理店」を学習すれば，「宮沢賢治作品の主題とは」というテーマでブックトークができます。

ブックトークの進め方

①テーマを決める
②テーマに沿って本を選ぶ（1人1冊でグループで行う or 1人数冊）
　例　「戦争作品」「老人と若者の物語」
　　　「同世代が主人公の物語」「ファンタジー作品」
　　　「昔話」「同じ作者の作品」など

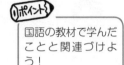
国語の教材で学んだことと関連づけよう！

③ブックトークのためのシナリオを書く

　「はじめ・なか・おわり」の構成で書かせます。「はじめ」と「おわり」には問いかけや呼びかけを入れることを教えます。「なか」では，登場人物について紹介したり，あらすじを伝えたり，一番おもしろいところ（山場）の説明をしたりするなど，いろいろな方法を考えさせます。おもしろさを伝えるために作品の細部までの読み，おもしろさの根拠を明確にしようとするため，読解力が育ちます。

④シナリオをできるだけ覚えて読む練習をする

　自分の話し方をチェックするのに，タブレットPCの動画機能を使うと効果的です。決められた時間内に，聞き手を惹きつける話し方を意識させましょう。

⑤グループで聞き合い，他者評価を通して自らの話す力を伸ばす

　自分では気づかないところを友達に指摘してもらい，より話し方が上手になるように練習を重ねます。

⑥ブックトーク本番を行う

授業力アップのポイント

●紹介するために詳しく読む・書く⇒読解力・書く力が育つ
●聞き手に伝わるように話す⇒話す力・表現力が育つ

読書指導

38 ブックコンテストで読書の幅を広げてみる！

3年目教師：保護者から，子どもの読書の幅を広げてほしいって相談されたんですけど，いい方法が思いつかなくて……。

先輩教師：子どもたちは，自分が好きなジャンルの本を読み続ける傾向があるものね。

3年目教師：そうなんです。何かいい方法はありますか？

先輩教師：それなら，ブックコンテストをしてみたらどうかしら？

◆ どの本が一番読みたくなったかな？

「この本おもしろかったよ！」「不思議なお城が出てくるんだよ」本を読んだ子どもたちは様々な感想をもちます。どこがおもしろかったのか，他の友達はどんな風に感じたのか，本の世界を楽しく語り合えたらすてきだと思いませんか。「ブックコンテスト」は，個人個人がおすすめの本を選び，本のおもしろさを紹介し合って一番読みたくなった本を決める本の書評合戦です。複数冊を紹介するブックトークとの違いは，①シナリオを作成しないこと，②決まった時間内で紹介すること，③読みたくなった本を選ぶこと，の3つです。

ブックコンテストの進め方

①紹介したい本を選ぶ

　これまでに読んできたお気に入りの本でもいいし，新しく出会った本を紹介しても構いません。ブックトークと同じように，国語の学習とつなげ，テーマを決めることもできます。

②紹介する時間を決める

　ブックコンテストをする子どもたちの発達段階に合わせ，時間を設定するのが有効です。目安としては，以下の通りです。

　低学年— 1人1分
　中学年— 1人2〜3分
　高学年— 1人3〜5分

慣れてくれると長い時間話せる子が増えてきます。

③発表の練習をする

　シナリオを作らないため，目の前の聞き手に対し，生の声で話すよう促します。相手の反応を聞くことを楽しんだり，問いかけを多く入れたり，聞き手を巻き込む話し方を練習させます。ペアで聴き合い，アドバイスをします。
前を見て・はきはきと・聞きやすい速さで・笑顔，これがキーワードです。

④発表をグループで聞き合う

　グループは5・6人がおすすめです。

⑤一番読みたくなった本に投票する

　グループで「ブックコンテスト」の感想を交流し，読みたくなった本を一冊選んで投票します。本に投票するのは，本の内容のよさも評価に入るためです。

内容のおもしろさを一番感じられ，読みたくなった本に投票するのがポイント！

授業力アップのポイント

- 読書が苦手な児童には絵本や写真集も OK にしよう
- 人に投票するのではなく，本に投票することを徹底しよう

読書指導

39 書くために読む子を育てる方法

3年目教師

読むことは楽しめても書くことに苦手意識がある子が多いんです。

それって私たちは十分に書くための指導ができていると言えるかしら。

先輩教師

3年目教師

そう言われると，自信がありません。

読むことといっしょに，書くことも楽しくなる活動があるわよ。

先輩教師

「読んで書く」➡「書くために読む」に思考をチェンジ！

「読書感想文を書きましょう」と子どもたちに言うと，「え～」という言葉が返ってきたことはありませんか。普段，日記や作文を平気な顔で書いている子も，「読書感想文」と言われると，書く意欲が急に下がります。それは，私たち教師が，読書感想文を書くための指導を十分に行っていないからではないでしょうか。

「読書感想文」では，多様な表現を求められます。本を読んでいる自分と対話しながら，その心の動きを言語化していかなくてはいけないからです。しかし，表現力が十分に育っていない子や語彙が乏しい子，そもそもどう書けばよいかわからない子にとっては，読書感想文を書くことは苦難の連続です。

そこで，「読んだから書く」という発想から，「書くために読む」という発想に変えて行う表現力を上げる読書活動の１つに「作文読書」があります。

「作文読書」でたくさん本を読もう

　本に書いてある言葉の表現のよさに気づき，それらをまねたり比べたりしながら実際に使えるようになることで語彙が増え，表現力が身についていきます。「読んで書く」という発想から，「書くために読む」という発想に切り替え，表現力を磨くことのできる作文読書の紹介です。

①絵本の絵を見て，見たこと，感じたことを書いてみる

　「青空が見えた。きれいだな」

　「シチューを食べている。おいしそうだな」

②絵本を読んで，すてきな表現を見つける

　子どもたちが絵を見て感じたことと絵本の文章を比べます。読んだ瞬間，素敵な表現に出合うのです。

〇情景描写なら『あらしのよるに』きむらゆういち，あべ弘士，講談社
〇擬態語や擬音語なら『おまえうまそうだな』宮西達也，ポプラ社
〇視点を学ぶなら『クレヨンからのおねがい！』ドリュー・デイウォルト，オリヴァー・ジェファーズ，ほるぷ出版。『アリからみると』桑原隆一，栗林慧，福音館書店がおすすめです。

③よい表現をつけ足す

　絵本を読んでよい表現を自分の文章に書き加えます。①の文につけ足すようにしましょう。

　「どこまでも続く青い空。花や木もきれいなお空を見上げていたよ」

　「昨日，お鍋でグツグツ煮込んだあつあつのシチューを，ぼくは目をきらきらさせながら食べたよ」

ポイント
よい表現をたくさん集めてストックしよう！

授業力アップのポイント

● よい表現を絵本からたくさん盗んじゃおう
● 集めた言葉はいつでも使える言葉の宝箱へ

読書指導

40 読書が学級をつなぐ！

3年目教師 「いろいろな読書活動をすると少しずつ子どもが変わってきたんです。」

「まあ。どんな風に変わってきたの？」
先輩教師

3年目教師 「家からお気に入りの本を持ってきたり，図書のときに本を薦めてくれたりするようになったんです。」

「すてきね。本が子どもたちをつないでいるのね。」
先輩教師

 本が好きになってきた子どもたち，次は豊かな表現者へ

　読むことを通して，語彙や知識を増やし，作品世界を豊かに読めるようになった子どもたちに，次のステップを用意します。それは，「表現者になること」です。

　国語の教科書には，物語の作者になったり説明文の筆者になる単元が各学年に配置されています。学年を上がるごとに，物語のつくられ方，説明文の書き方の多様性を学び，それを表現することで，豊かな書き手になることが求められています。

　読書活動を土台にして，次は「表現者」となる「物語創作」を行うことで，書くことと読むことをスパイラルに繰り返し積み重ね，言葉の力を育んでいける活動を学級に取り入れ，本で子どもたちをつないでいきましょう。

「物語創作」で○年○組図書館のでき上がり！

〈活動の流れ〉

①物語を創作するための書き方の例を学ぶ

　国語の学習の中で，既習作品を比べるなどして，「はじめ・なか・おわり」で何が書かれてあるか，どのような出来事が起きるかを読み解きます。

②物語を書く

　読み解いたことをもとに物語を書きます。構想を練って下書きをした後，原稿用紙に書いていきます。原稿用紙は，絵本調のもの，文庫本調のものなど数種類用意しておくと，子どもの書く意欲につながります。

③作品がよりよくなるよう，他の作品（お気に入りの本など）を参考にする

　他の作品の表現のよいところや書かれ方の工夫などは，どんどん参考にするよう声かけをします。つくっている途中で相談する時間を入れると，友達と内容を高め合うことができます。

④友達と読み合って推敲する

⑤でき上がった作品に表紙をつけ，出版する

　この日までに出版しなさい，と期限を決めてしまうと，長編を書きたい子やゆっくり考えて書きたい子を焦らせてしまうことになります。できているところまでを評価しながら，子どもたちが自分のタイミングで出版できる日を待ちましょう。

⑥学級文庫として，友達の作品を読むことができ，気に入った作品にファンレターを書く

　頑張って書いた作品を誰かに読んでもらえる，人気作品が一目でわかるというのはうれしいものです。本で子どもたちをつないでいきましょう。

授業力アップのポイント

●期限を決めずに取り組ませよう
●書いた本は学級文庫にして，いつでも読めるようにしよう

2章　国語指導　ステップアップの授業テクニック40

3章

国語指導

知ってお得のマル秘グッズ10

　本章では，国語の授業で大活躍する10の"国語グッズ"を紹介しています。

　活用しなくても国語の授業を進めることはできます。

　しかし，ここで紹介する10の"国語グッズ"をうまく活用することで

> 子どもたちが考えるための手立てになります！
> 授業の時間だけでなく，国語にふれる時間が増え，
> 国語大好きっ子がいっぱいに！

　この章を読んで，明日の教室を変えてみませんか。
キラキラ笑顔輝く子どもたち，そして幸せなあなた。
そんな教室をつくっていきましょう！

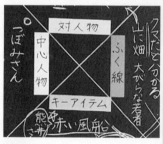

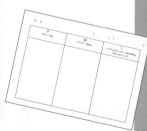

3章　国語指導　知ってお得のマル秘グッズ10

❶ 付箋

貼ってはがせる，お手軽付箋をつかって

◆ 付箋のココが便利！

★短く言葉を書き込める
★貼ったりはがしたりが簡単にできる
★大きさが大小様々ある
★色の種類が豊富
★100円ショップで手に入る

◆ 活用例：友達の作品に付箋で感想を送ろう

　子どもたちが書いた説明文や創作した物語などを友達同士で読み合いをしてアドバイスをさせることがあります。そのようなとき，人の作品に文字を書き足したり，校正指示を書き込んだりすることに教師も子どもも抵抗を感じることがあります。

　このときに付箋があれば，思ったことを短く書き込み，修正した方がよいところに貼るだけで見た目もわかりやすく相手に知らせることができます。また，いくつ修正箇所があるかがわかり，修正が終わればはがすようにしておけば，達成感も味わえます。

　他者評価のときにも役立ちます。例えば，青：よいところ，赤：改善した方がよいところと色でわかるようにしておけば，その色の付箋に言葉を書き込むだけで相手によい点と改善点が伝わります。

活用のポイント

①読み合うときに付箋を使うことで遠慮なく書き込ませよう
②評価は色付箋でわかりやすく提示しよう

❷ カラーマグネット

目立たせたい言葉，動かしたい言葉をカラーマグネットで

 カラーマグネットのココが便利！

★何度も書いたり消したりできる
★チョークで書いた文字より目立つ
★黒板上を移動できる
★大きさを変えられる
★色の種類が豊富（白・黄・黄緑・水色など）
★100円ショップで手に入る

 活用例：論理的に考える力を育てよう

　例えば，根拠となる文章は黄色，子どもたちの考えは黄緑のカラーマグネットを使って板書します。すると，自然と論理的に考えられるようになってきます。「どの文章から，どのように考えるか」を聞き合うことによって，本文の内容をより理解することにつながります。さらにマグネットを移動したり矢印でつないだりすれば，子どもたちの意見を紡いでいくことになります。

　きっと，1つの文章（黄色）から，多くの考え（黄緑）が集まるでしょう。どれが根拠で，どれが考えなのかをはっきりさせることによって，お互いの考えを比較して話し合いを進めることができます。子どもたちにカラーマグネットを配り，ホワイトボードマーカーで書かせるときにも活用できます。

活用のポイント
①色を利用して意見に意味をもたせよう
②カラーマグネットを動かして思考をつなごう

❸ A4ファイル

ワークシートや作文を綴ろう

◆ A4ファイルのココが便利！

★学習の積み重ねを綴ることができる
★子ども自身が学習の積み重ねをメタ認知できる
★教師が後で評価しやすい
★バインダーやポケットファイルなど種類が豊富にある

◆ 活用例：考えや成長の過程を記録することで自分自身の変化を知る

　文学作品の授業で，A4ファイルでノートをつくります。初発の感想と，学習を積み重ねた後での感想は大きく違います。毎回の授業で学習過程をファイリングすることで，感想の違いが，どのような学習の積み重ねで現れてきたのかを，自分自身で感じることができます。

　また，教師も子どもたちの学習の過程を把握することで，どのような声かけや支援をすればいいかが見つかります。「物語のファイル」「言葉のファイル」など分類することによって，1年間を通した積み重ねを観ていくことができます。

活用のポイント

①学習の積み重ねを見える形で綴らせよう
②学習の特性に応じたファイルを使わせよう

❹ ホワイトボード

グループに1枚ホワイトボードがあるだけで

◆ ホワイトボードのココが便利！

★何度も書いたり消したりできる
★グループでの学習でも書きながら話し合いができる
★黒板上を移動できる
★様々な大きさがある

◆ 活用例：グループ活動を活発にしよう

　子どもたちがグループ学習を行うとき，何も無い状態で話し合うよりも，ホワイトボードに書きながら話し合う方が，考えがどんどん深まります。なぜなら，書くことで自分たちの考えが整理されるからです。友達と自分の考えをつなげたり，比較したりすることで，新たな発見や疑問が生まれてきます。

　1人・3人組・6人組と使う人数によってホワイトボードの大きさを変えていくこともできます。授業の形態に合わせて選びます。それぞれがホワイトボードに書き残したことをもとに，全体での学習へとつなげていきましょう。

活用のポイント
①考えを整理したりつなげたりするツールとして使わせよう
②グループの人数に応じてホワイトボードの大きさを変えよう

❺ 書画カメラ

書画カメラで視覚支援をしよう

◆ 書画カメラのココが便利！

★写真や図表で明確な指示ができる
★見せながらわかりやすく説明ができる
★資料をコピーしたりする手間がかからない
★子どものノートなどがすぐに共有できる

◆ 活用例：実物を写して
　　わかりやすくノートをとろう

　4月，ノートの書き方を指導するとき，言葉だけでは子どもたちに伝わらないことがあります。そこで子どもたちと同じノートを書画カメラによって映し出し，実際に書いてみることで，どこから書き始めるのか，題名や作者やめあてはどこに書くのかなどをリアルタイムで子どもたちは見ることができ，よりわかりやすくなります。また根拠や理由を共有するときに，教科書に線を引きながら話を進めることができます。さらに，自分の考えが書いているノートを映し出した状態で，みんなに根拠や理由を発表することができます。

　教科書は安く購入することができるため，書画カメラで映し出し，そこに書き込めば，デジタル教科書がない教室でもデジタル教科書の代わりになります。

活用のポイント
①具体的に伝えたいときに活用しよう ②デジタル教科書の代わりにしよう

短冊を使ってクラスの学びを共有財産へ

 短冊のココが便利！

★画用紙を短冊で用意しておけば，すぐに書ける
★言葉を目立たせることができる
★カラーマグネット同様に動かすことができる

 活用例：用語を使える言葉にしよう

　国語には大切な用語がたくさん出てきます。その用語を子どもたちがすぐに覚えることや，活用できるようになることは難しいことです。そこで，授業で扱った用語とその定義を短冊に書いておき，教室に掲示します。そうすることで，いつでもその短冊が目につき，用語の意味を忘れることなく，授業で活用することができるようになります。

　せっかく短冊で学習したことを書いた教室掲示を増やしても，振り返らずに貼りっぱなしになっていては，いずれ子どもたちの意識から消えてしまいます。こまめに学習を振り返り，新しい用語を学べば付け足していくと，学びが増えていくことに喜びを感じることができるでしょう。

活用のポイント
①覚えておきたい言葉を教室掲示にしよう
②学習の積み重ねを短冊を増やすことで実感させよう

❼ 移動式書棚とブックスタンド

> 移動式書棚とブックスタンドで読書を取り入れた国語の学習を

◆ 移動式書棚とブックスタンドのココが便利！

★図書館からたくさんの本を一度に教室に運んで来れる
★普段は教室の端に置いておける
★授業中黒板の前などに簡単に移動できる
★本を前向きに表紙を見せて置ける
★子どもの作品を並べられる

◆ 活用例：国語の授業との関連図書を置こう

　教室に移動式書棚があると，学級文庫を置いたり，国語で学んだ教材との関連図書をまとめて置くことができるため，常に本が身の回りにある教室にすることができます。

　近くに本があると，朝の準備をした後の時間や，すき間時間，授業と授業の間のわずかな休憩時間などにも本を読む子が増えます。

　ブックスタンドは，100円ショップでも手に入るため，手軽に用意することができます。先生が読ませたい本や季節の本など，おもしろい本を前向きに置いておくと，子どもたちが自然と手にとるようになるでしょう。

活用のポイント
①読ませたい本を子どもたちのすぐ近くに置こう
②表紙を見せて本を読みたくなる工夫をしよう

❽ 読書管理アプリ

読書管理アプリで読書量を見える化しよう

◆ 読書管理アプリのココが便利！

★読んだ本のタイトルを入力する，もしくはバーコードを撮影すると本のデータを取り込める
★そこに読んだ感想を打ち込める
★子ども同士のブックガイドになる
★各月の読書量がグラフでわかる

◆ 活用例：おすすめのお話BEST3を発表しよう

　日頃から，読んだ本をアプリの中に登録するようにしておきます。登録内容は，バーコードで自動的に題名，著者，登録日が入るため，自分自身で入力することは「おもしろさ☆5つ中〇こ」と「メモ」のみです。ページ数を入れることも可能です。「メモ」には本を読んだ感想を書いておくと，自分が読んだ本をすぐに振り返ることができます。

　各月ごとや学期ごとにおすすめのお話BEST3を決めて発表します。読書の振り返りになったり，友達のおすすめを聞いて読んだことのない本を読む動機づけになるため，読書の幅を広げることができます。

活用のポイント

①データや感想を入れてブックガイドにしよう
②読書の幅を広げる機会に役立てよう

❾ 新聞

新聞の中には学びがいっぱい

◆ 新聞のココが便利！

★すぐに手に入る
★情報が満載
★書くことが思い浮かばない子にとってヒントが載っている
★社会情勢を知ることと同時に多様な表現を学べる

◆ 活用例：○○の言葉見つけ

　高学年になると，新聞を活用して意見文を書いたり，資料を使った説明文の書き方を学ぶときに参考にしたりと，新聞を使った授業をよくします。新聞には多様な表現，読者を飽きさせない工夫，幅広い読者を意識した話題など，書くとき，話すときのヒントになることがたくさん見られます。
　「○○の言葉見つけ」は，新聞に馴れ親しむための活動です。例えば，「感情を表す言葉見つけ」や「都道府県見つけ」「四字熟語見つけ」など，新聞には多様な表現があり，様々な知識が身につけられることを楽しめる時間をつくりましょう。

活用のポイント

①まずは新聞のおもしろさを感じさせよう
②書く力・話す力をのばすために使おう

❿ シンキングシート

シンキングシートでワークシートをつくる手間を削減！

◆ シンキングシートのココが便利！

- ★考えを整理できる
- ★ワークシートと違い，定型がある
- ★自分なりの考えのまとめ方ができるようになる
- ★数種類を印刷しておけば，必要なときにすぐ使える

◆ 活用例：PMI表を他者評価に使おう

　シンキングシートとは，思考を整理するための図や表が書かれた紙のことです。ある授業のためだけに使われるワークシートとは違い，情報を整理する場面や考えをまとめる場面で多様に使うことができるシートです。

　シンキングツールの１つに「PMI表」というのがあります。Pはプラス，Mはマイナス，Iはインタレスティングという意味です。これを，意見文を書いた後に渡し，意見文とセットにして交流させます。PMI表には書き方について評価するように伝えておくと，それぞれのPMI表に意見文の書き方のプラス面，マイナス面，おもしろい視点を書き込むことができます。この表を大量に印刷しておけば，図工の鑑賞やスピーチの評価にも応用できます。

活用のポイント
①シートの使い方を学級で共有しておこう
②ワークシートを用意しなくても，考えを整理できる方法を身につけさせよう

【執筆者一覧】

樋口　綾香（大阪教育大学附属池田小学校）

若松　俊介（京都教育大学附属桃山小学校）

垣内　幸太（大阪府箕面市立萱野小学校）

樋口万太郎（京都教育大学附属桃山小学校）

イラスト

森治　健太（大阪府立和泉支援学校）

【編著者紹介】

樋口　綾香（ひぐち　あやか）

大阪教育大学附属池田小学校教諭。
1985年兵庫県生まれ。大阪教育大学を卒業後，大阪府公立小学校で５年間勤務し平成25年から現職。平成28年度科研費奨励研究「読解力・表現力を育成する多読を基にした言語活動のカリキュラム開発（JSPS KAKENHI Grant Number JP16H00105）」，平成29年度科研費奨励研究「シンキングツールを取り入れた構造的板書による読解力・対話力と情報活用能力の研究（JSPS KAKENHI Grant Number JP17H00095）」を採択し，『小一教育技術』（小学館）で「１年生は本で伸びる」「国語で学級づくり」「折紙で居心地のよい教室」などを連載。「先生も子どもも楽しい授業」をモットーに日々授業づくりに取り組んでいる。

【著者紹介】

授業力＆学級づくり研究会
https://jugakuken.jimdo.com/
「子ども，保護者，教師。みんな幸せ！」を合言葉に発足。教科・領域，主義主張にとらわれず，授業力向上とみんなが幸せになれる学級づくりについて研究を進めている。
大阪を中心に，月１回程度の定例会，年４回程度の公開学習会を開催。主な著書に『３年目教師　勝負の学級づくり』『同　授業づくり』（共に明治図書）がある。

教師力ステップアップ

３年目教師　勝負の国語授業づくり
楽しさと深い学びを生み出す！スキル＆テクニック

2018年３月初版第１刷刊　©編著者	樋　口　綾　香
2022年４月初版第２刷刊　　著　者	授業力＆学級づくり研究会
発行者	藤　原　光　政
発行所	明治図書出版株式会社

http://www.meijitosho.co.jp
（企画）木村　悠　（校正）奥野仁美
〒114-0023　東京都北区滝野川7-46-1
振替00160-5-151318　電話03(5907)6702
ご注文窓口　電話03(5907)6668

＊検印省略　　組版所　長　野　印　刷　商　工　株　式　会　社
本書の無断コピーは，著作権・出版権にふれます。ご注意ください。

Printed in Japan　　　　　ISBN978-4-18-141215-9
もれなくクーポンがもらえる！読者アンケートはこちらから　→

教師力ステップアップシリーズ

3年目教師 勝負の学級づくり
マンネリの毎日を脱却する
極め付きの指導技術56

授業力＆学級づくり研究会 著
1437・A5判・本体1,760円+税

**「学級経営力」と「校務力」を磨いて
マンネリの毎日を脱却**

教師になり数年が過ぎ、ある程度無難に仕事をこなすことができ、余裕もでてきた。でも、なんとなく物足りない…そんな先生方へ向け「1年がうまく過ごせればいい」から「どんな集団でも力が発揮できる子どもを育てる」へ考え方をチェンジする技術が満載。

3年目教師 勝負の授業づくり
伸び悩みの壁を脱出する
極め付きの指導技術56

授業力＆学級づくり研究会 著
1438・A5判・本体1,760円+税

**「授業力」と「自分力」を磨いて
伸び悩みの壁から脱出**

研究授業も何度か経験し、毎日の授業のためにあくせくすることもなくなった。でも、なんとなく物足りない…そんな先生方へ向け「1時間の授業をうまくまわす」から「子どもたちが将来自己実現するための力を培う」へ考え方をチェンジする技術が満載。

明治図書　携帯・スマートフォンからは **明治図書ONLINE** へ　書籍の検索、注文ができます。▶▶▶

http://www.meijitosho.co.jp　※併記4桁の図書番号（英数字）でHP、携帯での検索・注文が簡単に行えます。

〒114-0023　東京都北区滝野川7-46-1　ご注文窓口　TEL 03-5907-6668　FAX 050-3156-2790

＊価格は全て本体価格表示です。

関西体育授業研究会発！
体育授業 絶対成功 シリーズ

団体演技でみんなが輝く！
「フラッグ運動」絶対成功の指導BOOK
団体演技・フラッグ運動の指導法、演技プログラムを全部紹介！フラッグの作り方、隊形一覧、選曲リストも収録。 **DVD付き**

112ページ／B5判／2,600円+税／図書番号：0932

導入5分が授業を決める！
「準備運動」絶対成功の指導BOOK
準備運動を領域別に全部紹介！学級活動や学年行事で使える5分ネタも収録。

128ページ／B5判／2,160円+税／図書番号：0981

クラスの絆がぐっと深まる！
「なわとび」絶対成功の指導BOOK
クラス全体で取り組めるなわとびの授業を全部紹介！運動会、授業参観におすすめのプログラムも収録。

120ページ／B5判／2,200円+税／図書番号：1779

学び合いでみんなが上達する！
「水泳」絶対成功の指導BOOK
「競い合う」から「高め合う」に転換するための授業展開を全部紹介します！着衣泳の授業や集団演技プログラムも収録

128ページ／B5判／2,000円+税／図書番号：1912

すべての子どもが主役になれる！
「ボール運動」絶対成功の指導BOOK
学年別の系統性、指導方法、すべての子どもを主役にするしかけと共に全部紹介！教具づくりのアイデア、学習カード付

112ページ／B5判／1,800円+税／図書番号：1780

子ども観客も感動する！
「組体操」絶対成功の指導BOOK
組体操の技を、指導のステップ、成功に導く言葉かけと共に全部紹介！実物プログラム、選曲リスト、隊形一覧付。

112ページ／B5判／1,700円+税／図書番号：0958

学級力が一気に高まる！
体育授業マネジメント
本書の目的はズバリ「学級力を高めること」。体育を通して教師も子どもも笑顔が増えるための経験と知識を全部紹介！

136ページ／B5判／2,260円+税／図書番号：0985

明治図書 携帯・スマートフォンからは **明治図書ONLINEへ** 書籍の検索、注文ができます。 ▶▶▶
http://www.meijitosho.co.jp　＊併記4桁の図書番号（英数字）でPC、携帯での検索・注文が簡単に行えます。
〒114-0023　東京都北区滝野川7-46-1　ご注文窓口　TEL 03-5907-6668　FAX 050-3156-2790

＊価格は全て本体価表示です。

教師力ステップアップシリーズ

キラキラかわいい！
365日の
イラストカット
テンプレート
BOOK 小学校

CD-ROM付き

モリジ 著　1,960円+税

【1083・B5判・112頁】

とにかくかわいい素材集！見た目アップで気分もアップ！

あらゆる場面で使えるイラストカットを443点、掲示物や配布物などすぐに使えるテンプレートを111点収録。もらった子どもも使った先生も教室全体もパッと明るくなります！
付属CDにはモノクロ・カラーを両方収録。
テンプレはアレンジ可能なWordデータ付！

明治図書　携帯・スマートフォンからは **明治図書 ONLINE へ** 書籍の検索、注文ができます。▶▶▶
http://www.meijitosho.co.jp　*併記4桁の図書番号（英数字）でHP、携帯での検索・注文が簡単に行えます。
〒114-0023　東京都北区滝野川7-46-1　ご注文窓口　TEL 03-5907-6668　FAX 050-3156-2790